【少年读红色经典】

# 毛泽东

## 诗词【彩绘本】

吴 波 ⊙ 编写

北方联合出版传媒（集团）股份有限公司
辽宁少年儿童出版社
沈阳

© 吴　波 2025

**图书在版编目（CIP）数据**

毛泽东诗词：彩绘本 / 吴波编写 . -- 沈阳：辽宁
少年儿童出版社，2025.1（2025.10 重印）. --（少年
读红色经典）. -- ISBN 978-7-5315-9780-3

Ⅰ. A44-49

中国国家版本馆 CIP 数据核字第 2024W87G28 号

出版发行：北方联合出版传媒（集团）股份有限公司
　　　　　辽宁少年儿童出版社
出 版 人：胡运江
地　　址：沈阳市和平区十一纬路25号
邮　　编：110003
发行部电话：024-23284265　23284261
总编室电话：024-23284269
E-mail：lnsecbs@163.com
http://www.lnse.com
承 印 厂：辽宁新华印务有限公司

责任编辑：朱艳菊　刘　静
责任校对：段胜雪
封面设计：白　冰
版式设计：豪美文化
插　　图：豪美文化
责任印制：孙大鹏

幅面尺寸：168mm × 230mm
印　　张：11　　　　　字数：184 千字
出版时间：2025 年 1 月第 1 版
印刷时间：2025 年 10 月第 2 次印刷
标准书号：ISBN 978-7-5315-9780-3
定　　价：35.00 元

毛泽东是伟大的马克思主义者，伟大的无产阶级革命家、战略家和理论家，是近代以来中国伟大的爱国者和民族英雄。毛泽东在其光辉的一生中留下了许多脍炙人口的诗词作品。作为伟大的革命现实主义和革命浪漫主义诗人，毛泽东的诗词是行走在中国大地的作品，是中华民族的文化瑰宝。

　　毛泽东诗词深刻呈现了中国革命和建设的历史进程。1910年，17岁的毛泽东离开家乡，就表明"学不成名誓不还"的壮志，从建党初期发出"问苍茫大地，谁主沉浮？"的时代强音，从新民主主义革命即将胜利之际，发出"人间正道是沧桑"改天换地的感慨，到新中国成立初期，描写"换了人间"翻天覆地的变化，到社会主义建设时期，表达"敢教日月换新天"惊天动地的豪情。毛泽东诗词将历史融入诗词之中，是波澜壮阔的中国革命和建设历程的情景再现，堪称壮丽史诗。

　　毛泽东诗词兼有豪放与婉约的艺术气质。毛泽东曾说，"我的兴趣，偏于豪放，不废婉约"。毛泽东的诗词有政治家的博大胸襟和战略家的高瞻远瞩。无论是"狂飙为我从天落"，还是"横空出世，莽昆仑"，抑或是"数风流人物，还看今朝"，都生动体现了毛泽东的远大志向与宏伟抱负。无论是"风物长宜放眼量"，还是"冷眼向洋看世界"，抑或是"一万年太久，只争朝夕"，都生动表现出毛泽东眼底风云、胸中波涛的豪迈气概与浩然大气。毛泽东的诗词中也不乏伟人的柔情，既有"重比翼，和云翥"的爱情，也有"君今不幸离人世，国有疑难可问谁"的思念战友之情，还有"中华儿女多奇志，不爱红装爱武装"对中华儿女的赞

1

美之情，这些情感都是大写的爱。毛泽东诗词既显现出人民领袖的豪情与胸怀，也展现了诗人的丰富内心世界和情感。

　　毛泽东诗词饱含着深刻的人生哲理。毛泽东的诗词，将个人际遇融入时代大潮中，是其本人艰苦卓绝的革命生涯的真实写照，其中蕴含着丰富的人生智慧和高远的思想境界。有陶冶情操的，如"红军不怕远征难，万水千山只等闲""江山如此多娇，引无数英雄竞折腰""坐地日行八万里，巡天遥看一千河"等；有升华思想的，如"世上无难事，只要肯登攀"；有坚定信心的，如"踏遍青山人未老，风景这边独好""雄关漫道真如铁，而今迈步从头越""不管风吹浪打，胜似闲庭信步""今日长缨在手，何时缚住苍龙？"等。这些寓意深刻，发人深省的名言警句，诵读起来，能够振奋精神，洗礼思想，激发斗志。

　　毛泽东诗词以其崇高优美的情操，昂扬向上的态度，汪洋恣肆的文笔，大气磅礴的气度，吸引并熏陶了一代又一代中国人。毛泽东曾说，"世界是青年的，长江后浪推前浪，譬如积薪，后来居上"。毛泽东也很喜欢儿童，曾为少年儿童题词："好好学习，天天向上"。毛泽东的诗词也是面向青少年的。青少年通过学习毛泽东诗词，可以了解中国共产党的风雨历程，了解一代伟人的人格魅力和崇高风范，从而树立远大理想，陶冶情操，砥砺意志品质，更好传承红色基因，努力做祖国和人民需要的好孩子，做祖国和人民事业发展的接班人。

# 目录

七绝·改诗赠父亲　一九一〇年秋　　　　　　/1

贺新郎·别友　一九二三年　　　　　　　　/4

沁园春·长沙　一九二五年秋　　　　　　　/9

菩萨蛮·黄鹤楼　一九二七年春　　　　　　/13

西江月·秋收起义　一九二七年秋　　　　　/17

西江月·井冈山　一九二八年秋　　　　　　/22

清平乐·蒋桂战争　一九二九年秋　　　　　/26

采桑子·重阳　一九二九年十月十一日　　　/30

如梦令·元旦　一九三〇年一月　　　　　　/33

减字木兰花·广昌路上　一九三〇年二月　　/36

蝶恋花·从汀州向长沙　一九三〇年七月　　　　/40

渔家傲·反第一次大"围剿"　一九三一年春　　　/44

渔家傲·反第二次大"围剿"　一九三一年夏　　　/48

菩萨蛮·大柏地　一九三三年夏　　　　　　　　/52

清平乐·会昌　一九三四年夏　　　　　　　　　/55

十六字令三首　一九三四年到一九三五年　　　　/59

忆秦娥·娄山关　一九三五年二月　　　　　　　/63

清平乐·六盘山　一九三五年十月　　　　　　　/67

念奴娇·昆仑　一九三五年十月　　　　　　　　/71

七律·长征　一九三五年十月　　　　　　　　　/76

沁园春·雪　一九三六年二月　　　　　　　　　　　/80

五律·喜闻捷报　一九四七年　　　　　　　　　　　/85

七律·人民解放军占领南京　一九四九年四月　　　　/88

七律·和柳亚子先生　一九四九年四月二十九日　　　/92

浣溪沙·和柳亚子先生　一九五〇年十月　　　　　　/97

浪淘沙·北戴河　一九五四年夏　　　　　　　　　　/101

水调歌头·游泳　一九五六年六月　　　　　　　　　/105

蝶恋花·答李淑一　一九五七年五月十一日　　　　　/110

七律二首·送瘟神　一九五八年七月一日　　　　　　/114

七律·到韶山　一九五九年六月　　　　　　　　　　/120

七律 · 登庐山　一九五九年七月一日　/123

七绝 · 为女民兵题照　一九六一年二月　/127

七律 · 答友人　一九六一年　/130

七律 · 和郭沫若同志　一九六一年十一月十七日　/134

卜算子 · 咏梅　一九六一年十二月　/138

七律 · 冬云　一九六二年十二月二十六日　/142

满江红 · 和郭沫若同志　一九六三年一月九日　/145

七律 · 吊罗荣桓同志　一九六三年十二月　/149

贺新郎 · 读史　一九六四年春　/154

水调歌头 · 重上井冈山　一九六五年五月　/159

念奴娇 · 鸟儿问答　一九六五年秋　/164

# 七绝·改诗赠父亲

一九一〇年秋

孩儿立志出乡关，

学不成名誓不还。

埋骨何须桑梓地，

人生无处不青山。

## 注释

[乡关] 故乡。

[桑梓] 在古代，人们喜欢在住宅周围栽种桑树和梓树，后来人们就用物代表处所，用"桑梓"代称家乡。赞扬某人为家乡造福，往往用"功在桑梓"。

[青山] 象征祖国的秀丽山河。

　　1910 年秋天，毛泽东离开闭塞的韶山，走向外面更广阔的世界。这是他人生历程中的第一个转折。可想而知，他当时的心情是多么激动。毛泽东的父亲毛顺生，在小小的韶山冲算是个"有钱人"，一直希望毛泽东按照他的规划成长，这反而让毛泽东萌生了最初的反抗心理。在学校里，毛泽东过了"六年孔夫子"生活，但他更喜欢读闲书、杂书，也经常将旧小说里的故事与现实结合起来。除了读书，毛泽东也喜欢听从外面回来的老师讲各地见闻，讲维新变法。少时的这些经历让他决定走出韶山。临行前，他写下这首诗，夹在父亲每天必看的账簿里，以作告别。

孩儿立下志向走出家乡，学业不取得成就绝不回来。

死后不一定要安葬于故乡，祖国到处都是秀丽的山河，可以作为安息的地方。

这首诗是少年毛泽东走出家乡，奔向外面世界的宣言书。前两句表明少年毛泽东外出求学的坚定意志，后两句彰显少年毛泽东志在四方、胸怀天下的高远志向。

## 诗词拓展

### 望家乡

〔清〕蔡德晋

龙山苍翠枕西头，水上芙蓉一代秋。

云树不须遮望眼，梦中人在木兰舟。

# 贺新郎·别友

一九二三年

挥手从兹去。更那堪凄然相向，苦情重诉。眼角眉梢都似恨，热泪欲零还住。知误会前番书语。过眼滔滔云共雾，算人间知己吾和汝。人有病，天知否？

今朝霜重东门路，照横塘半天残月，凄清如许。汽笛一声肠已断，从此天涯孤旅。凭割断愁丝恨缕。要似昆仑崩绝壁，又恰像台风扫寰宇。重比翼，和云翥。

[挥手从兹去] 挥动手臂从此告别。兹,此。源自李白的《送友人》:"挥手自兹去,萧萧班马鸣。"

[过眼滔滔云共雾] 云雾,比喻前句的误会。在这里意为误会再大也只是过眼即逝的云雾。

[东门] 指长沙城东的小吴门。古诗词中常用东门泛指送别之地。

[横塘] 指长沙小吴门外的清水塘,因塘东西长,南北窄,作者特称横塘。此处暗用横塘之典,借指妇女居住的地方。清水塘附近有火车站。

[凭] 意思是借以,包含两方,非单"请求"彼方。

[昆仑崩绝壁] 昆仑山的峭壁倒塌。这和下面的"台风扫寰宇"都用来表示"割断愁丝恨缕"而参加革命斗争的强大决心,同时也烘托了未来大革命的声威。

[重比翼,和云翥] 指在将来的斗争中会晤时,再在云霄中比翼双飞。翥,鸟飞。

　　1923年6月，毛泽东在广州参加了中国共产党第三次全国代表大会，当选为中央执行委员。会后，毛泽东回湖南从事党的工作。在此期间，毛泽东与妻子杨开慧居住在长沙小吴门外的清水塘22号。毛泽东能回来工作，杨开慧非常高兴。但三个月后，党中央通知毛泽东由长沙到上海再转广州，参加国民党第一次全国代表大会。面对轰轰烈烈的革命事业，毛泽东不得不离开爱妻幼子。他在旅途中思绪万千，写下了哀婉而激昂的《贺新郎·别友》。

　　挥手从此离去。离别前凄然相对，互诉衷肠，让人如何承受。你的眼角眉梢，强忍热泪，满是哀怨。知道你对上次的那封书信还有误会。但是误会再大也只是过眼即逝的云雾，因你我是人间知己。但人间疾苦，上苍可知？

　　早霜覆盖着东门路，残月斜照着清水塘，显得如此凄清。汽笛声响催人肠断，从此天涯孤旅。我们要割断儿女情长，投身革命。要有昆仑山的峭壁倒塌、台风扫荡寰宇的决心和气魄。在革命的广阔天空中，比翼双飞。

这首词上阕描写了爱人之间依依惜别的场景和情愫，但这种离别是为了实现两人共同的革命目标，是投身砸碎旧世界、建立新天地的义无反顾，是豪迈和崇高的分离。下阕表达了毛泽东为革命事业献出全副身心的豪情和未来革命风暴的壮阔，以及与革命恋人在伟大事业中比翼齐飞的浪漫主义憧憬。

## 诗词拓展

### 贺新郎·送陈真州子华

〔宋〕刘克庄

北望神州路。试平章、这场公事，怎生分付。记得太行山百万，曾入宗爷驾驭。今把作、握蛇骑虎。君去京东豪杰喜，想投戈、下拜真吾父。谈笑里，定齐鲁。

两河萧瑟惟狐兔。问当年、祖生去后，有人来否。多少新亭挥泪客，谁梦中原块土。算事业、须由人做。应笑书生心胆怯，向车中、闲置如新妇。空目送，塞鸿去。

# 沁园春·长沙

一九二五年秋

独立寒秋，湘江北去，橘子洲头。看万山红遍，层林尽染；漫江碧透，百舸争流。鹰击长空，鱼翔浅底，万类霜天竞自由。怅寥廓，问苍茫大地，谁主沉浮？

携来百侣曾游。忆往昔峥嵘岁月稠。恰同学少年，风华正茂；书生意气，挥斥方遒。指点江山，激扬文字，粪土当年万户侯。曾记否，到中流击水，浪遏飞舟？

[长沙] 青年毛泽东大部分时间都在长沙学习和进行革命活动，词中的"百侣"和"同学少年"，就是指毛泽东于 1914 年至 1918 年在湖南第一师范学校读书时的革命友人。

[湘江] 一名湘水，湖南省最大的河流，源出广西壮族自治区的海洋山，向东北流贯湖南省东部，经过长沙，北入洞庭湖。

[橘子洲] 又名水陆洲，是长沙城西湘江中的一个狭长沙洲，西面靠近岳麓山。

[层林尽染] 岳麓山上一层层的枫树林，叶子像用红色染料染过一样。

[舸] 泛指船。

[争流] 形容许多船只争相行驶。

[万类霜天竞自由] 一切生物都在深秋的自然环境中争着自由地活动。万类，自然界的所有生物。

[寥廓] 广远空阔。这里用来描写宇宙之大。

[谁主沉浮] 由上文的仰看飞鹰，俯看游鱼，纳闷儿地寻思：究竟谁主宰着世间万物的升沉起伏？毛泽东后来说，"怅寥廓"后三句是指：在北伐战争以前,军阀割据统治,中国的命运究竟由哪一个阶级做主？

[击水] 作者自注，"击水：游泳。那时初学，盛夏水涨，几死者数，一群人终于坚持，直到隆冬，犹在江中。当时有一篇诗，都忘记了，只记得两句：自信人生二百年，会当水击三千里。"

[峥嵘岁月稠] 不寻常的日子很多。峥嵘，山势高俊。这里指不平凡，不寻常。稠，多。

[挥斥方遒] 热情奔放，劲头十足。遒，强劲有力。

[浪遏飞舟] 江上风浪很大，阻挡了快速行进的船只。

1925 年 1 月，毛泽东在上海参加了党的第四次全国代表大会。2 月，毛泽东回到家乡韶山，一边养病一边做社会调查。他四处串门，了解农村的基本情况，并对农民进行思想启蒙教育，组织农民运动。这些活动遭到土豪劣绅的嫉恨，他们密谋勾结军阀准备逮捕毛泽东。在党组织的保护和群众的掩护下，毛泽东秘密来到了长沙。来到湘江边上，他望着橘子洲头，回想学生时代，联想当下革命形势，写下了《沁园春·长沙》。

全文翻译

深秋时节，我独自站在橘子洲头，看湘水北流。漫山红色染遍层层树林；江水清澈见底，一艘艘大船乘风破浪，争先恐后。雄鹰在上空翱翔，鱼儿在水里游动，万物在这深秋的光景中自由生活。面对广阔的天地，不禁感慨：究竟谁主宰着世间万物的升沉起伏？

曾经和众多同学来此漫游的情景，历历在目。不平凡的日子很多，至今萦绕在我心头。风华正茂的同学，意气风发，热情奔放，正劲头十足。评论国家大事，书写激浊扬清的文字，视军阀官僚如粪土。可曾记起，当时在江河水流中央游泳，激起的浪花阻挡了飞速行驶的船只？

这首词上阕描写了秋天辽阔的景色。看见多姿多彩、万物竞相勃发的大千世界，毛泽东不禁联想到革命的形势和工农运动的蓬勃兴起，由此感慨道：谁才是主宰革命前途和命运的人呢？下阕作者回忆往事。为改造旧中国，毛泽东与革命战友一起评论国事，书写壮志豪情，这也给出了"谁主沉浮"的答案：就是那些以天下为己任，敢于与反动统治者做斗争，立志改造旧世界的革命青年。

## 诗词拓展

## 沁园春·灵山斋庵赋
### 时筑偃湖未成

〔宋〕辛弃疾

叠嶂西驰，万马回旋，众山欲东。正惊湍直下，跳珠倒溅；小桥横截，缺月初弓。老合投闲，天教多事，检校长身十万松。吾庐小，在龙蛇影外，风雨声中。

争先见面重重，看爽气朝来三数峰。似谢家子弟，衣冠磊落；相如庭户，车骑雍容。我觉其间，雄深雅健，如对文章太史公。新堤路，问偃湖何日，烟水濛濛？

# 菩萨蛮·黄鹤楼

一九二七年春

茫茫九派流中国，沉沉一线穿南北。

烟雨莽苍苍，龟蛇锁大江。

黄鹤知何去？剩有游人处。

把酒酹滔滔，心潮逐浪高！

**注释**

[九派] 相传在长江中游一带有九条支流同长江汇合，所以称"九派"。鲍照《登黄鹤矶》诗："九派引沧流。"派，水的支流。

[中国] 指我国的中部地区。

[一线] 指当时长江以南的粤汉铁路和长江以北的京汉铁路。1957年武汉长江大桥建成，两条铁路顺利接通，故改名京广铁路。

[龟蛇锁大江] 龟山和蛇山隔江对峙，好像要把长江锁住一样。龟蛇，指龟山和蛇山。

[把酒酹滔滔] 酹，古代用酒浇在地上祭奠鬼神或对自然界事物设誓的一种习俗。这里是指把酒洒向滔滔的长江里，表示同反动势力斗争到底的决心。

[心潮] 毛泽东后来指出，"一九二七年，大革命失败的前夕，心情苍凉，一时不知如何是好。这是那年的春季。夏季，八月七号，党的紧急会议，决定武装反击，从此找到了出路。"

## 背景故事

　　1927 年 4 月 12 日，蒋介石在上海发动反革命政变，逮捕和屠杀了大批共产党员和革命群众，形势十分危急。4 月 27 日，党的第五次全国代表大会在武汉召开，毛泽东在会上提出要寻找新的革命力量，建议进行土地革命，开展农民运动，但这个提议被大会拒绝了。毛泽东预感到革命风云即将突变，一场劫难很快就要来临。他独自徘徊在武汉的黄鹤楼前，面对滔滔奔涌的长江，内心充满焦虑与不安，写下了《菩萨蛮·黄鹤楼》。

多少条大河流贯中国，粤汉铁路、京汉铁路连接南北。向远处眺望，烟雨迷茫，龟山与蛇山隔江对峙紧锁着长江。昔日的黄鹤不知飞去何处？今日游客熙熙攘攘，我端酒洒向滔滔江水，此时心潮激荡，恰似长江巨浪，一浪高过一浪。

这首词上阕描写了一幅雄阔壮丽的景象，长江携众支流横贯中国东西，粤汉铁路、京汉铁路贯穿中国南北。在毛泽东眼中，此番景象是沉重、迷茫的，象征着当时蓬勃发展的工农运动受到国民党势力的猖狂打击。下阕表达了毛泽东对于世事沧桑的感慨。滚滚巨浪隐喻汹涌澎湃、如火如荼的革命高潮。最后两句以绵绵思绪和慷慨高歌抵达本诗所言之志，表达了与反动势力斗争到底的决心。

诗词拓展

## 黄鹤楼

〔唐〕崔 颢

昔人已乘黄鹤去，此地空余黄鹤楼。
黄鹤一去不复返，白云千载空悠悠。
晴川历历汉阳树，芳草萋萋鹦鹉洲。
日暮乡关何处是？烟波江上使人愁。

# 西江月·秋收起义

一九二七年秋

军叫工农革命，旗号镰刀斧头。

匡庐一带不停留，要向潇湘直进。

地主重重压迫，农民个个同仇。

秋收时节暮云愁，霹雳一声暴动。

**注释**

[斧头] 这是中国共产党工农革命军第一军的第一面军旗上的图案，它成为中国共产党真正亮出的第一面旗帜。是由五角星镰刀和斧头的图案组成的。实际是锤子图案，当时常被误认为斧头。

17

[匡庐] 首次发表时原作为"修铜"，后根据毛泽东修改的抄件改为"匡庐"。

[潇湘] 原作为"平浏"，后根据毛泽东修改的抄件改为"潇湘"。借潇水和湘江指湖南省。

[同仇] 同心协力打击敌人。出自《诗经·秦风·无衣》："修我戈矛。与子同仇。"

## 背景故事

  1927 年 7 月 15 日，国民党汪精卫集团以"分共"名义发动反革命政变，大肆攻击中国共产党并对共产党员和革命群众实行大逮捕、大屠杀。至此，国共合作破裂，大革命失败。1927 年 8 月 1 日，在周恩来的领导下，贺龙、叶挺、朱德、刘伯承等率领共产党所能掌握和影响的军队，发动南昌起义，打响了武装反抗国民党反动派的第一枪。8 月 7 日，中共中央在汉口召开紧急会议（即八七会议），确定实行土地革命和武装起义的方针。会后，中共中央派毛泽东到湖南领导秋收起义。毛泽东将参加起义的各路武装队伍统一编为工农革命军第一军第一师，并于九月九日发动了秋收起义。在 9 月 9 日起义爆发到 9 月 19 日在文家市召开前敌委员会会议期间，毛泽东兴奋地写下了记录这次重大革命历史事件的词《西江月·秋收起义》。

军队名称是工农革命军，军旗上画的是镰刀、斧头。不在江西地区停留，直接进攻湖南长沙。

地主骑在农民头上作威作福，农民奋起反抗，同仇敌忾。秋收时节云潮翻涌，农民愁苦无助。霹雳一声号令，工农起义爆发，中国历史发生了翻天覆地的变化。

这首词描写了一幅现实主义的革命画卷，表达了作者的革命情怀。上阕叙述了工农革命军的成立和军旗的标志，确定了工农革命军第一军第一师是中国共产党领导的第一支工农武装队伍，指明了工农革命军的行军路线和进攻目标。下阕揭示了秋收起义的社会根源是地主的层层盘剥，使得农民穷困不堪，处于水深火热之中。特别是在秋收时节，虽然粮食丰收，却要将大部分收成都上交给地主，留给自己的很少，最后只能走上革命道路。

## 诗词拓展

### 西江月·中秋和子由

〔宋〕苏 轼

世事一场大梦，人生几度秋凉？夜来风叶已鸣廊。看取眉头鬓上。

酒贱常愁客少，月明多被云妨。中秋谁与共孤光。把盏凄然北望。

# 西江月·井冈山

一九二八年秋

山下旌旗在望，山头鼓角相闻。

敌军围困万千重，我自岿然不动。

早已森严壁垒，更加众志成城。

黄洋界上炮声隆，报道敌军宵遁。

注释

[井冈山] 地处江西省西部与湖南省的交界处，跨井冈山市和宁冈、永新、遂川、炎陵四县。属于罗霄山脉中段，周围有五百多里。

[旌旗在望] 山下的红军队伍和井冈山一带的赤卫队、暴动队等地方武装。用"旌旗"是为了突出诗的鲜明的形象感。作者说，其实没有飘扬的旗子，都是卷起的。

[鼓角] 战鼓和号角。古代行军用鼓角发号施令，指挥军队的行动。这里指红军的军号等声音。

[岿然] 高大独立的样子。

[众志成城] 大家同心协力，就像城墙一样牢固，比喻大家团结一致，就能克服困难，得到成功。

## 背景故事

1927 年 10 月，毛泽东率领秋收起义的工农革命军进军井冈山，在这里建立了中国第一个农村革命根据地。1928 年 4 月，朱德、陈毅率领南昌起义保存下来的部队和湘南农军转移到井冈山革命根据地，同毛泽东领导的秋收起义部队胜利会师。后根据中共中央指示，这支部队改称为"红军第四军"。红军力量的不断壮大和根据地的蓬勃发展，引起国民党反动派的仇视。8 月 30 日，湖南、江西两省敌军乘红军主力外出之际，向井冈山进犯。红军兵力不足一营，但凭借黄洋界的天险地势奋勇抵抗，以少胜多，击退敌军，胜利地保卫了井冈山革命根据地。毛泽东在听说黄洋界保卫战胜利后，豪情满怀，创作了这首畅快的词作。

## 全文翻译

山下红旗摇荡，山上鼓声浩荡，号角声起伏，战斗激烈。任凭万千敌军把我们团团围困，我军依然毫不畏惧，岿然不可撼动。

23

早已建好坚固的防御工事，井冈山军民同心协力，战斗防线就像城墙一样牢固。黄洋界上红军战斗的炮火轰鸣，快马来报敌军在渐浓的夜色中逃跑。

这首词的上阕描写了黄洋界保卫战敌强我弱的态势，展现出战火纷飞的现场，刻画了井冈山军民临危不惧、从容克敌的无畏风貌。下阕描写了黄洋界保卫战取得胜利的原因，即工事牢固、军民一心。最后以战斗胜利收尾，与上阕形成鲜明对照，韵味深长。

## 诗词拓展

### 西江月·遣兴

〔宋〕辛弃疾

醉里且贪欢笑，要愁那得工夫。近来始觉古人书，信著全无是处。

昨夜松边醉倒，问松我醉何如。只疑松动要来扶，以手推松曰"去"。

25

# 清平乐·蒋桂战争

一九二九年秋

风云突变，军阀重开战。

洒向人间都是怨，一枕黄梁再现。

红旗跃过汀江，直下龙岩上杭。

收拾金瓯一片，分田分地真忙。

## 注释

[蒋桂战争] 指一九二九年春发生于国民党南京军阀蒋介石和广西（简称"桂"）军阀李宗仁、白崇禧之间的战争。一九二九年的军阀战争给红军的发展创造了一个有利条件。一九二九年三月，红四军经江西进入福建西部，占领长汀，五月、六月三次占领长汀东南的龙岩，九月占领长汀以南、龙岩以西的上杭。这首词作

于红军占领上杭之后，当时闽西新革命根据地正在进行"分田分地"的土地革命。

[洒向人间都是怨，一枕黄粱再现] 蒋介石发动新的军阀战争，这场"风云突变"使得深受苦难的人民更加怨恨；他想用武力统一中国的野心，只不过是又一场黄粱梦而已。"一枕黄粱"的典故来自唐代史学家沈既济的小说《枕中记》中的故事：卢生在邯郸客店里向道士吕翁诉说自己的穷困不得志，当时店主正在蒸黄粱（黄米）；吕翁给卢生一个瓷枕，说他枕了睡便能心想事成。卢生枕后在梦里果然享尽荣华富贵，醒来却是一场梦，此时店主的黄粱还没有蒸熟。

[汀江] 韩江上游，源头在福建西部长汀，向南流入广东境内。

[金瓯] 瓯是古时杯盆一类的容器，在这里比喻宝贵的革命根据地。

　　1929年春，蒋桂战争爆发，江西国民党军被抽调参战，顾不上"追剿"红军。红军主力借此机会进入福建西部，占领长汀，继而攻占龙岩和上杭，并在新的地盘带领群众斗地主、分田地，使得革命根据地不断扩大，革命力量不断发展壮大。毛泽东在红四军攻克上杭后，有感于闽西工农武装割据的大好形势，填词《清平乐·蒋桂战争》。

风起云涌，局势突变，蒋桂军阀再次开战。给人民带来了无尽的怨恨与痛苦，蒋介石想通过武力统一中国的野心，只能是一场黄粱美梦。

红军越过汀江，直取龙岩与上杭。建立了宝贵的革命根据地，开展了轰轰烈烈的斗地主、分田地的土地革命。

这首词上阕描写了军阀混战的事实，指出蒋桂军阀战争给人民带来的苦难，这也注定了各路军阀不得民心，终将失败的结局。下阕描写了中国共产党领导革命斗争的可喜形势，充满欢乐的气氛。形象描写了土地革命的伟大景象，道出了中国共产党与封建军阀的不同本质，中国共产党必然能得到人民的拥护。

诗词拓展

## 清平乐·春归何处

〔宋〕黄庭坚

春归何处？寂寞无行路。若有人知春去处，唤取归来同住。

春无踪迹谁知？除非问取黄鹂。百啭无人能解，因风飞过蔷薇。

căi sāng zǐ    chóng yáng

# 采桑子·重阳

一九二九年十月十一日

rén shēng yì lǎo tiān nán lǎo    suì suì chóng yáng
人生易老天难老，岁岁重阳。

jīn yòu chóng yáng    zhàn dì huáng huā fèn wài xiāng
今又重阳，战地黄花分外香。

yì nián yí dù qiū fēng jìng    bú sì chūn guāng
一年一度秋风劲，不似春光。

shèng sì chūn guāng    liáo kuò jiāng tiān wàn lǐ shuāng
胜似春光，寥廓江天万里霜。

注释

[重阳] 农历九月初九为传统的重阳节，又称"老人节"。

[黄花] 指菊花，我国古代菊花的主要品种是黄菊。古人有重阳节登高赏菊的习俗。

[劲] 强劲。

[不似] 不像。

[胜似] 胜过；超过。

[寥廓] 高远空旷。

　　1929年1月，毛泽东、朱德率领红四军主力离开井冈山，转战赣南、闽西。6月，在中共红四军第七次代表大会上，红四军内部关于建军原则和建立巩固革命根据地等问题意见发生分歧，毛泽东的正确主张没能被大家理解和接受，他未能继续当选前委书记。会后，毛泽东被迫离开红四军的主要领导岗位，到闽西特委指导地方工作。不久，毛泽东患上了很严重的疟疾，留在上杭汀江岸边的临江楼继续治病。待病情明显好转，正逢重阳节，从"鬼门关"走了一遭的毛泽东，看到了院中黄菊盛开，汀江两岸霜花一片，触景生情，填了这首《采桑子·重阳》。

　　人生短暂而苍天却不会老去，每年都有重阳节。今天又逢重阳，战场上的菊花是那样的芬芳。

　　一年又一年的秋风刚劲地吹送，秋色不像春光明媚，却比春天的光景更为壮美，高远空旷的江面、天空泛着白霜。

　　这首词是毛泽东身处逆境时的感怀之作，上阕表现了作者大病初愈时的复杂心情，感叹时光易逝，同时抒发了今日胜昨朝的豪情。下阕通过吟咏秋景，表达了秋光胜过春景的态度，描写了秋天的壮美与江天的辽阔，展现了积极乐观、豁达昂扬的人生心态。

## 采桑子·群芳过后西湖好

〔宋〕欧阳修

　　群芳过后西湖好，狼籍残红。飞絮濛濛。垂柳阑干尽日风。

　　笙歌散尽游人去，始觉春空。垂下帘栊。双燕归来细雨中。

# 如梦令·元旦

一九三〇年一月

宁化、清流、归化，路隘林深苔滑。今日向何方，直指武夷山下。山下山下，风展红旗如画。

**注释**

[元旦] 宋代吴自牧《梦粱录》："正月朔一，谓之元旦，俗呼为新年。元旦，这里指阴历正月初一"（这年阳历一月三十日）。

[宁化、清流、归化] 皆福建西部县名。其中归化曾改名明溪县。

[路隘] 道路险狭。

[武夷山] 北临仙霞岭，南接九连山，赣江、闽江以此分界，居江西、福建交界。相传古神人武夷君居此，故有武夷之名。

　　1929 年，毛泽东和朱德率领红四军在福建建立闽西革命根据地，12 月底在上杭县古田村召开了对红军发展史具有重大历史意义的中共红四军第九次代表大会，也称"古田会议"。此时，蒋介石正联合江西、福建、广东的反动武装开展"三省会剿"反革命运动，向闽西革命根据地逐步进攻 1930 年 1 月上旬，红四军开始向敌后转移。朱德率领主力红军先出发，挺进江西。毛泽东率领剩余部队掩护主力转移后，向北经福建连城、清流、归化（今明溪）、宁化等县，西越武夷山，去江西和红四军主力会合，使敌人的"三省会剿"阴谋失败。到正月初一，毛泽东将由闽西进入赣南的一路情景写成《如梦令·元旦》。

一路走过宁化、清流、归化三地，道路险狭，密林深暗，青苔光滑。今天我们要去哪里？那就是武夷山下，那里风吹着展开的红旗如幅幅图画。

这首词先描写了一路行军的情景，路窄林密，后指明战略转移的方向，就是到武夷山下的革命根据地，根据地内红旗迎风飘扬，军民团结一心，正如元旦之含义：一元复始，万象更新。

## 诗词拓展

### 如梦令·春景

〔宋〕秦 观

莺嘴啄花红溜，燕尾点波绿皱。指冷玉笙寒，吹彻小梅春透。依旧，依旧，人与绿杨俱瘦。

# 减字木兰花·广昌路上

一九三〇年二月

漫天皆白，雪里行军情更迫。

头上高山，风卷红旗过大关。

此行何去？赣江风雪迷漫处。

命令昨颁，十万工农下吉安。

## 注释

[广昌路上] 广昌，县名，在江西东部。一九三〇年二月中旬，毛泽东率红军准备攻打赣江西岸江西中部重镇吉安时经过这里。因当时国民党军调集七个旅十二个团，开始对赣西南革命根据地和红军进行"会剿"，毛泽东、朱德等遂决定不攻吉安，红军避其锋锐，诱敌深入，打孤军进犯的国民党军唐云山旅，给其造成歼灭性的

打击。

[情更迫] 情绪更加高涨急切。首次发表时原作为"无翠柏"，人民文学出版社一九六三年十二月版《毛主席诗词》改为"情更迫"。

[赣江] 江西主要河流。由章水、贡水流到赣州市汇合而成，北流经吉安、南昌，流入鄱阳湖。

1929年12月，中共红四军第九次代表大会在上杭古田召开，也称"古田会议"。会议确立了思想建党、政治建军的基本原则，规定了红军必须担负起打仗、做群众工作和筹款的任务，

确立了"党指挥枪"的原则等。这次会议解决了如何建设新型人民军队的问题，选举毛泽东为前委书记。古田会议后，国民党当局又调集兵力对闽西革命根据地发动"会剿"。1930年1月上旬，毛泽东、朱德率领红四军回师赣南，吸引国民党军。在行军途中，天降大雪，面对满天飞雪，毛泽东在马背上哼成了《减字木兰花·广昌路上》。

**全文翻译**

疾风卷雪，山川原野白茫茫一片，红军队伍冒雪前行，迫切想完成任务。展望前进道路，高山群峰迭起，风卷着红旗越

过关山。军队一往无前。

此行将往何方？就是去那赣江被风雪笼罩的地方。昨天已下达命令，工农十万武装就要直取吉安。

这首词描绘了一幅雄阔的雪里行军图。上阕描写了红军在雪里前行的景象，反映了自然环境的恶劣，刻画了红军战士斗志昂扬，急切消灭敌人的心情。下阕交代了红军的战略意图和行军作战的目标，烘托了工农群众的革命热情和星火燎原的革命形势。

### 诗词拓展

## 减字木兰花·莺初解语

〔宋〕苏 轼

莺初解语，最是一年春好处。微雨如酥，草色遥看近却无。

休辞醉倒，花不看开人易老。莫待春回，颠倒红英间绿苔。

# 蝶恋花·从汀州向长沙

一九三〇年七月

六月天兵征腐恶，万丈长缨要把鲲鹏缚。

赣水那边红一角，偏师借重黄公略。

百万工农齐踊跃，席卷江西直捣湘和鄂。

国际悲歌歌一曲，狂飙为我从天落。

## 注释

[从汀州向长沙] 一九三〇年六月，红军由福建汀州（长汀）进军江西。八月，从江西向湖南进军，在浏阳东北同彭德怀领导的红军会合；九月，红军进攻长沙未果。守敌强而有备，红军不宜攻坚。这首词写的是红军六月、七月进军中的豪迈心情。这首词的题目是毛泽东在一九六三年编辑出版《毛泽东诗词》时加的。

[天兵征腐恶] 指红军征讨腐朽凶恶的国民党军阀。

[万丈长缨要把鲲鹏缚] 鲲鹏是《庄子·逍遥游》中所说的一种极大的鱼（即"鲲"）和由它变化的极大的鸟（即"鹏"），所以既能分指两物（通常"鲲"不单用），也可合指一物。通常是褒义词，这里作贬义用，是说巨大的恶魔，代指国民党反动派。缨，绳索。

[赣水那边红一角] 指赣西南的赣江流域黄公略率领的红六军（一九三〇年七月改称红三军）所建立的根据地。红六军是赣西南的主力红军，一九三〇年六月同红四军、红十二军改编为红一军团。当红一军团的主力红军和红十二军由福建汀州向江西进军时，红六军还在赣西南的赣江流域，故下文称为"偏师"。

[黄公略] 湖南湘乡人。一九二七年参加中国共产党。一九三〇年，任红三军军长。一九三一年九月，在江西吉安的东固地区行军中被敌机击中牺牲。

[狂飙] 疾风。这里形容正在兴起的革命风暴。

## 背景故事

　　1930 年 5 月，国民党各派军阀混战爆发，李立三领导的中共中央对革命形势做出了错误的估计，认为中国革命进入了大决战前夜，要求各路红军"会师武汉""饮马长江"。指示毛泽东、朱德率领红军进入江西，攻打南昌、九江。随后，毛泽东、朱德率红军从长汀北上，发现南昌国民党军队工事坚固，敌人力量强大，便从实际情况出发，不断改变行军的方向，灵活使用兵力，从而扩大和发展了红军。在行军途中，毛泽东作词《蝶恋花·从汀州向长沙》。

　　六月，红军征讨腐朽凶恶的国民党军阀，人民要用长长的绳索把恶魔捆住。赣水那边的根据地红旗高展，这都是依靠黄公略的努力。

　　所有的工人农民都要踊跃与敌人争斗，让革命席卷江西大

地，捣破敌人占领的湖南、湖北。高唱《国际歌》，将旧世界打得落花流水，凝聚革命力量，如天兵降临般掀起巨大的革命风暴。

　　这首词上阕描写了正义之师、威武之师工农红军征讨邪恶势力的宏大场面，既体现了红军的磅礴气势，也揭示了敌人的强大，同时也隐含着对攻打中心城市这一决策的担忧，肯定了黄公略的工农武装割据的正确战略。下阕描写了如火如荼的工农武装割据的形势，赞扬了工农群众的革命热情，以时代旋律《国际歌》抒发了作者逐渐亢奋的心情。

**诗词拓展**

## 蝶恋花·秋思

〔北宋〕周邦彦

　　月皎惊乌栖不定，更漏将残，辘轳牵金井。唤起两眸清炯炯。泪花落枕红绵冷。

　　执手霜风吹鬓影。去意徊徨，别语愁难听。楼上阑干横斗柄，露寒人远鸡相应。

# 渔家傲·反第一次大"围剿"

一九三一年春

万木霜天红烂漫，天兵怒气冲霄汉。

雾满龙冈千嶂暗，齐声唤，

前头捉了张辉瓒。

二十万军重入赣，风烟滚滚来天半。

唤起工农千百万，

同心干，不周山下红旗乱。

注释

[反第一次大"围剿"] 蒋介石在他所策动的反革命内战中，曾经对中央革命根据地发动过五次"围剿"。从一九三〇年十月起，他布置反革命的第一次大"围剿"，纠集了十万兵力，向中央革命

根据地进攻。红军采取诱敌深入的政策，集中优势兵力，逐个歼灭敌人，最终取得第一次反"围剿"的胜利。

[霄汉] 霄，云霄。汉，银河。

[龙冈] 在江西永丰县的南端，南与兴国县相连，西与吉安县相接，是地势险要的山区。

[嶂] 直立像屏障的山峰。

[不周山下红旗乱] 这里借触倒不周山的共工，来比喻决心打倒国民党反革命统治的工农红军和革命群众。红旗乱，红旗缭乱拥挤，指革命队伍士气之盛。不周山，为古代传说中的山名，最早见于《山海经·大荒西经》："西北海之外，大荒之隅，有山而不合，名曰不周。" 古代有共工头触不周山的传说，即两个古代部落首领颛顼（zhuān xū）和共工之间发生了惊天动地的大战，最后共工不敌颛顼，愤怒撞上不周山。共工触山与女娲（wā）补天、后羿射日、嫦娥奔月并称中国古代四大著名神话。

1930年10月，蒋介石刚取得军阀混战的胜利，就立即调集兵力向红军和革命根据地发动大规模的"围剿"。11月，蒋介石调集十万大军投入第一次"围剿"。毛泽东指挥红军采取"诱敌深入"的方针，将敌军主力引入龙冈，在12月30日乘雾对进入龙冈包围圈内的敌军主力张辉瓒第十八师发起总攻，歼灭敌军，俘获首领张辉瓒，接着乘胜追击，歼灭谭道源师的一半，至此，第一次反"围剿"取得胜利。1931年2月初，蒋介石又调集二十万兵力，准备第二次"围剿"中央红军和革命根据地。在第一次反"围剿"胜利以后，第二次反"围剿"交战之前，毛泽东作词《渔家傲·反第一次大"围剿"》。

全文翻译

万千枫林被霜打过焕发鲜亮的红色，红军战士一腔怒火直冲云天。大雾笼罩龙冈深暗的连绵群峰，我军齐声高呼，前线杀敌并活捉了张辉瓒。

二十万敌兵又来侵犯，狼烟四起遮掩了半边天。唤醒千百万的工农大众，同心协力加油干，那时不周山下红旗遍插，迎风招展。

这首词上阕描写的是第一次反"围剿"时龙冈之战的情形，展现了红军士气高昂，一腔怒火直冲云天，誓要保卫来之不易的革命根据地的决心。下阕是对蒋介石即将纠集二十万敌军发动第二次"围剿"的应对之策。毛泽东对战士们大无畏的精神是极为肯定的，就算是敌兵再来侵犯，我们的根据地军民团结同心，一定能够打退来犯之敌。那时红旗就会插遍整个中国，表明了迎战的决心和必胜的信念。

诗词拓展

## 渔家傲·秋思

〔宋〕范仲淹

塞下秋来风景异，衡阳雁去无留意。四面边声连角起，千嶂里，长烟落日孤城闭。

浊酒一杯家万里，燕然未勒归无计。羌管悠悠霜满地，人不寐，将军白发征夫泪。

# 渔家傲·反第二次大"围剿"

一九三一年夏

白云山头云欲立，白云山下呼声急，

枯木朽株齐努力。

枪林逼，飞将军自重霄入。

七百里驱十五日，赣水苍茫闽山碧，

横扫千军如卷席。

有人泣，为营步步嗟何及！

**注释**

[反第二次大"围剿"] 红军在这次作战中仍采取诱敌深入、集中优势兵力、逐个击破敌人的战术。一九三一年五月十六日，红军先对从富田向东固地区前进的敌人发起猛攻，大部分敌军被歼灭。

然后向东进军，一直打到江西、福建两省的边境。五月三十一日，红军取得第二次反"围剿"的胜利。

[白云山] 在江西吉安、泰和、兴国三县交界处，距东固西南十七里，是第二次反"围剿"战斗中毛泽东、朱德指挥打第一仗的地方。

[枯木朽株齐努力] 红军包围、歼灭国民党军队时，枯木朽株也起到帮助红军对抗敌军的作用。这里指根据地男女老少一起努力战斗。

[枪林逼，飞将军自重霄入] 倒装句。当时红军隐蔽集结在山上，突然从山上打到山下，好像从天而降的飞将军。飞将军，这里用来称赞行动隐蔽神速的红军。重霄，高空。

[七百里驱十五日，赣水苍茫闽山碧] 倒装句。当时红军从赣江流域的富田地区开打，打到相邻的福建建宁地区。驱，本意为策马前进，这里突出了红军进攻敌人的速度很快。

[有人泣，为营步步嗟何及] 蒋介石因为第一次"围剿"冒进失败，这次"围剿"改用所谓"稳扎稳打，步步为营"的策略，但仍惨遭失败，思之令人发笑。

## 背景故事

1931 年 4 月，蒋介石在第一次"围剿"失败后，再次调集二十万兵力发动"围剿"，鉴于第一次"围剿"的冒失，第二次蒋介石自作聪明地采取"稳扎稳打，步步为营"的办法。对此，毛泽东继续主张依靠根据地的有利条件，诱敌深入，集中优势兵力，依靠根据地军民来击破敌军的"围剿"。从 5 月 16

日起的半个月里，毛泽东、朱德指挥红军从赣江东岸向东横扫七百余里，打到闽西北山区，连续打了五个胜仗，歼敌三万余人，彻底地打破了国民党军队的第二次"围剿"。此次反"围剿"胜利之后，毛泽东兴奋填词《渔家傲·反第二次大"围剿"》。

全文翻译

白云山顶云层耸立，山下敌人紧急求救，根据地里的男女老少同心协力帮助红军战斗。红军

突然从山上打到山下，好像从天而降的飞将军，杀向敌军。

在十五天里，红军长驱直入，从苍茫的赣江到青翠的闽山，驰骋七百余里，把来犯的敌人收拾得干净利索。把蒋介石打哭了，他"步步为营"的战术失败了，叹气又有什么用！

这首词上阕具体描写了白云山战斗的经过，尽管战斗开始前是紧张的，但是根据地军民同仇敌忾、奋勇杀敌，展现了"压倒一切敌人"的革命英雄气概。下阕描写了第二次反"围剿"战斗的战局发展，展现了红军雷厉风行、骁勇善战的气势，干净、彻底地消灭了敌人。同时也讽刺了敌人的无能和窘迫。

## 诗词拓展

### 渔家傲·天接云涛连晓雾

〔宋〕李清照

天接云涛连晓雾，星河欲转千帆舞。仿佛梦魂归帝所。闻天语，殷勤问我归何处。

我报路长嗟日暮，学诗谩有惊人句。九万里风鹏正举。风休住，蓬舟吹取三山去！

# 菩萨蛮·大柏地

一九三三年夏

赤橙黄绿青蓝紫，谁持彩练当空舞？

雨后复斜阳，关山阵阵苍。

当年鏖战急，弹洞前村壁。

装点此关山，今朝更好看。

**注释**

[大柏地] 江西瑞金县城北六十里，素有"瑞金北大门"之称。一九二九年一月，毛泽东和朱德率领红军由井冈山向赣南进军。二月十日（正值春节）至十一日，在大柏地击退在后面追击的敌军。

[彩练] 彩带，比喻彩虹。

[鏖战] 激烈的战斗，苦战。

[洞] 射穿。

　　1931 年 11 月，中华苏维埃共和国临时中央政府在瑞金成立，毛泽东任主席。但受到党内"左"倾冒险主义路线的排斥，毛泽东被免去红一方面军总政治委员的职务，随后到福建长汀疗养。1933 年初，为打破蒋介石对中央苏区的经济封锁，中央召回毛泽东主持临时中央政府的工作。1933 年夏天，毛泽东路过大柏地，回忆起 1929 年 2 月同朱德利用山高林密的条件，指挥红军消灭敌人的胜利战役，这是他们离开井冈山后的第一个大胜仗。面对昔日金戈铁马的战场，他触景生情，欣然提笔，写下了《菩萨蛮·大柏地》。

天上挂着七色的彩虹，是谁手持着彩带在空中翩翩起舞？黄昏雨后又出现西斜的太阳，苍翠的群山仿如层层军阵。

当年在此激烈苦战，那前村墙壁上留下的累累弹痕，把祖国的河山装扮得更加美丽。

这首词上阕写今日风景，描绘了大柏地雨后美丽诱人的景色。下阕写回忆当年的战斗情景，抚今追昔，昨日的子弹射穿的墙壁，虽已斑驳，但预示着新世界的到来。这也表明作者虽身处逆境，但仍乐观豁达。

## 诗词拓展

### 菩萨蛮·书江西造口壁

〔宋〕辛弃疾

郁孤台下清江水，中间多少行人泪。西北望长安，可怜无数山。

青山遮不住，毕竟东流去。江晚正愁余，山深闻鹧鸪。

# 清平乐·会昌

一九三四年夏

东方欲晓，莫道君行早。

踏遍青山人未老，风景这边独好。

会昌城外高峰，颠连直接东溟。

战士指看南粤，更加郁郁葱葱。

注释

[会昌] 县名，地处江西东南部，东接福建，南经寻乌县通广东。
一九二九年，毛泽东为建立赣南根据地，率领红军到过会昌，以
后经常路过和居住在这里。

[欲晓] 就要天亮。

[踏遍青山人未老] 毛泽东在一九五八年曾对这首词作批注：
"一九三四年，形势危急，准备长征，心情又是郁闷的。这一首《清
平乐》，如前面那首《菩萨蛮》一样，表露了同一心境。"本句的"人"

和上句的"君"，都指作者自己。

[这边] 指中央革命根据地南线。

[会昌城外高峰] 指会昌城西北的会昌山，又名岚山岭。毛泽东在二十世纪六十年代回忆说会昌有高山，天不亮我就会去爬山。

[东溟] 指东海。

[南粤] 古代地名，也叫南越，在今广东、广西一带。这里指广东。

## 背景故事

　　1933年下半年，蒋介石经过半年准备，发动对中央苏区第五次大规模"围剿"。毛泽东此时已经被排斥在党和红军的领导之外，只负责中央政府的工作。1934年1月，党的六届五中全会在瑞金召开，党内错误路线发展到顶点，毛泽东的正确主张受到排挤，他的亲属也受到牵连。他后来回忆，"那时候，不但一个人也不上门，连一个鬼也不上门"。4月28日，中央苏区北大门被国民党军攻破，局势越来越危急。4月下旬，毛泽东离开瑞金，前往会昌调研并指导工作。在此期间，毛泽东积极工作，稳住了中央苏区南线的局势，这与北线接连遭受严重挫败形成了鲜明对照。一天，毛泽东同中共粤赣省委几名干部登上会昌城外的岚山岭，眺望远方，想到当前的危急形势，有感而发，写下了这首《清平乐·会昌》。

东方的天就要亮了，别说你出发得早。踏遍青山仍风华正茂，唯独此处的风景最好。

会昌城外山峰高峻，起伏不断直接连到东海。战士们指着远方望向南粤，那边景色更为青葱。

这首词上阕是纪实描写并借景言志，"人未老"不仅仅指身体健康，精力旺盛，更是指虽历经风浪和曲折，自信与革命意志不减当年。这边不仅风光无限，更是因为南线的胜利，与赣北相比，仍闪烁着希望，也从侧面表明毛泽东对于自己主张的信心。下阕视野转到山上，作者眺望远方，展望未来，虽然心情郁闷，但光明就在前方。

## 诗词拓展

### 清平乐·金风细细

〔宋〕晏　殊

金风细细。叶叶梧桐坠。绿酒初尝人易醉。一枕小窗浓睡。

紫薇朱槿花残。斜阳却照阑干。双燕欲归时节，银屏昨夜微寒。

# 十六字令三首

一九三四年到一九三五年

## 其一

山，快马加鞭未下鞍。

惊回首，离天三尺三。

## 其二

山，倒海翻江卷巨澜。

奔腾急，万马战犹酣。

## 其三

山，刺破青天锷未残。

天欲堕，赖以拄其间。

[湖南民谣] 作者原注："上有骷髅山，下有八面山，离天三尺三。人过要低头，马过要下鞍。"

[十六字令三首] 这三首词描写的都是作者在行军过程中所走过的地势险峻的山峰。

[巨澜] 大浪。这里所说的大浪翻卷和下文的"万马"奔腾，都是比喻群山的起伏。

[锷] 刀口，剑锋。

[拄] 支撑。

## 背景故事

　　1934 年 9 月，国民党军进攻到中央根据地中心地区，中央红军已经没有在原地扭转战局的可能性了，第五次反"围剿"失利。1934 年 10 月，毛泽东跟随中央主力红军开始长征。红军长征一路艰险，在崇山峻岭中行进，国民党当局不断围追堵截。12 月，红军突破国民党封锁线，渡过湘江，继续向西挺进，进入贵州。1935 年 1 月，红军渡过乌江，向以遵义为中心的黔北地区挺进。这一段路途艰辛，先后经福建、江西、广东、湖南、广西，再到贵州。在行军途中，党的领导同志大都冷静下来，思考中国革命的现在与未来，也逐步认识到毛泽东主张的正确性。在红军的转移途中，毛泽东相继作成《十六字令三首》。

山，高耸入云端。红军队伍快马加鞭地向前赶路，不敢停歇片刻。蓦然回首，发现身后的山峰与远处的天边快连上了。

山，起伏的山峰如浩瀚的波涛，像倒海翻江卷巨澜。山势迅猛如奔腾的骏马，好似万马厮杀正酣。

山，如傲立苍穹的长剑，刺破青天但剑锋未残。摇摇欲坠的天空，被如大柱般的高山支撑起来。

这三首词是毛泽东以山抒情言志的典范之作。以山开头，开门见山，气势磅礴，也写出了长征途中的险象环生，赞颂了红军如山般坚强的意志、如山般宽广的胸怀和如山般崇高的情操，这种品质和精神是天地之砥柱，民族之脊梁。

## 诗词拓展

### 郑生至泰山二首·其二

〔明〕李梦阳

俯首元齐鲁，东瞻海似杯。
斗然一峰上，不信万山开。
日抱扶桑跃，天横碣石来。
君看秦始后，仍有汉皇台。

# 忆秦娥·娄山关

## 一九三五年二月

西风烈，长空雁叫霜晨月。

霜晨月，马蹄声碎，喇叭声咽。

雄关漫道真如铁，而今迈步从头越。

从头越，苍山如海，残阳如血。

**注释**

[娄山关] 又名太平关，千峰万仞，是贵州北部第一要塞，也是防守遵义的要冲。

[咽] 本义是声音因哽塞而低沉，这里描写时断时续的军号声。

[从头越] 重新跨越。

[苍山如海，残阳如血] 这两句话极其经典。据毛泽东回忆，是在战争中积累了多年的景物观察，一到娄山关这种战争胜利和自然景物的突然遇合，就造成了他自以为颇为成功的这两句话。

背景故事

1935 年 1 月，中央红军占领遵义，有了休整的机会。党中央随即召开会议，总结了第五次反"围剿"的失败经验，重新确立了毛泽东在党中央的领导地位，开启了党自己解决中国问题的新阶段。这就是著名的遵义会议，是中国共产党历史上一个生死攸关的转折点。

会后，国民党调集四十万兵力扑向遵义，妄图围攻红军。为了摆脱敌人的围追堵截，红军接连四次强渡赤水河。一渡赤水后，准备北渡长江，没有成功，又回师东进，再次横跳；二渡赤水，在途中与扼守娄山关的军阀发生激战，重新占领遵义。此时，毛泽东登上娄山关，有感而发，即兴创作了《忆秦娥·娄山关》。

全文翻译

清晨，西风凛冽，皓月当空，天空不时传来阵阵雁叫。月光皎洁如霜，眼前马蹄声急促纷杂，军号声沉郁低回，时断时续。

虽说娄山关坚硬如铁难以逾越，但今天我们跨越了雄关，重整旗鼓继续前进。遥看远方，青山起伏、山峦叠嶂，夕阳西下，霞光如血。

这首词写的就是这次攻克娄山关的战斗。上阕写红军黎明时向娄山关进军的情景；下阕写红军攻占和越过娄山关时的情景，表现了作者从容不迫的气度和博大胸怀。毛泽东后来在自注中指明：万里长征，千回百折，顺利少于困难不知有多少倍，心情是沉郁的。过了岷山，豁然开朗，转化到了反面，柳暗花明又一村了。以下诸篇（编者按：指《十六字令三首》《清平乐·六盘山》《念奴娇·昆仑》《七律·长征》），反映了这种心情。

诗词拓展

## 忆秦娥·山重叠

〔清〕纳兰性德

　　山重叠。悬崖一线天疑裂。天疑裂。断碑题字，古苔横啮。

　　风声雷动鸣金铁。阴森潭底蛟龙窟。蛟龙窟。兴亡满眼，旧时明月。

# 清平乐·六盘山

一九三五年十月

天高云淡，望断南飞雁。

不到长城非好汉，屈指行程二万。

六盘山上高峰，红旗漫卷西风。

今日长缨在手，何时缚住苍龙？

**注释**

[六盘山] 在宁夏回族自治区南部固原市西南，是六盘山山脉主峰，险窄的山路多重盘旋才能到达峰顶。一九三五年九月中旬，毛泽东率领中央红军进入甘肃南部，十月上旬，冲破敌人的封锁线，战胜了敌人的骑兵部队，胜利地越过六盘山。六盘山是红军长征

到达陕北前的最后一座高山。

[长城] 代指长征的目的地，即抗日前线。

[今日长缨在手，何时缚住苍龙] 一九五八年，毛泽东曾作批注："苍龙：蒋介石，不是日本人。因为当前全副精神要对付的是蒋不是日。"

背景故事

　　1935 年 5 月，红军强渡大渡河，飞夺泸定桥。6 月，翻越夹金山后，与另外的红军队伍会合。8 月，中央红军决定兵分左、右两路北上，毛泽东等随右路军行动。8 月 21 日，右路军开始过草地，9 月中旬，右路军攻克天险腊子口，继而占领哈达铺，在此毛泽东从报纸上得知陕北有一块根据地上有红军在活动，决意前往陕北。红军继续北上，跨过西（安）兰（州）公路，攀登海拔 3000 米高的六盘山，冲破了国民党军队的最后一道封锁线，到达陕北苏区。毛泽东登上六盘山顶峰时，心潮澎湃，写下了这首《清平乐·六盘山》。

全文翻译

　　长空辽阔，白云清朗，鸿雁南飞直到天际。不到长征的目的地绝非英雄好汉，算下来已征战了二万里的路途。

在高峰险峻的六盘山上，猛烈的西风吹得红旗猎猎。今日紧握工农武装之长绳，终有一天会打倒国民党反动派。

这首词上阕先是写景，勾画了大西北秋天明丽高远的气象。而后言志，不达目的不放弃，要永远保持奋斗冲锋状态。下阕是抒情，先写当下，红军越过六盘山，胜利在望，但仍要再接再厉，表达了誓将革命进行到底的决心和气魄。

**诗词拓展**

## 清平乐·检校山园书所见

〔宋〕辛弃疾

连云松竹，万事从今足。拄杖东家分社肉，白酒床头初熟。

西风梨枣山园，儿童偷把长竿。莫遣旁人惊去，老夫静处闲看。

# 念奴娇·昆仑

一九三五年十月

横空出世，莽昆仑，阅尽人间春色。

飞起玉龙三百万，搅得周天寒彻。

夏日消溶，江河横溢，人或为鱼鳖。

千秋功罪，谁人曾与评说？

而今我谓昆仑：不要这高，不要这多雪。

安得倚天抽宝剑，把汝裁为三截？

一截遗欧，一截赠美，一截还东国。

太平世界，环球同此凉热。

[昆仑] 山脉名。其主脉在新疆维吾尔自治区和西藏自治区交界处，东段分三支伸展。其南支向东与岷山相接，因而红军长征时经过岷山，也可看作昆仑山的一个支脉。毛泽东曾于一九五八年作批注："昆仑：主题思想是反对帝国主义，不是别的。改一句：一截留中国，改为一截还东国。忘记了日本是不对的。这样，英、美、日都涉及了。别的解释不合实际。"

[横空出世] 形容山的高大和险峻。横空，横在空中出世，超出人世。

[飞起玉龙三百万] 这里是指终年积雪的昆仑山脉蜿蜒不绝，好像无数的白龙正在空中飞舞。毛泽东曾批注，"宋人咏雪诗云：'战罢玉龙三百万，败鳞残甲满天飞。'昆仑各脉之雪，积世不灭，登高远望，白龙万千，纵横飞舞，并非败鳞残甲。夏日部分消溶，危害中国，好看不好吃，试为评之。"玉龙，白色的龙。三百万是形容其多。

[周天寒彻] 满天冷透。

[人或为鱼鳖] 洪水或许要把人们淹死。

[倚天抽宝剑] 传楚宋玉作《大言赋》："方地为车，圆天为盖。长剑耿介，倚天之外。"倚天，形容宝剑极长和带剑的人极高大。

[遗] 赠予。

　　1935 年 8 月，毛泽东随右路军北上，准备过草地。大草地上荒无人烟，到处都是野草丛生的沼泽和黑色淤泥潭，稍有不慎，人就有可能被泥潭吞没。经过七天六夜的艰苦跋涉，右路军走出了荒无人烟的草地，做短暂休整后，军队继续北上。9 月，北上红军突破天险腊子口，随后毛泽东等率领红军翻越岷山，看到昆仑山脉的雄浑景色，作《念奴娇·昆仑》。

　　巍巍昆仑，横在空中，它已超越人世，看遍人间兴衰变化。终年积雪的山脉蜿蜒不绝，好像无数的白龙正在空中飞舞，搅得天地一片冰寒。夏天山峰上的冰雪消融，江河水流泛滥，人也许会像鱼鳖一样被洪水卷走。你的千年功过是非，究竟什么人才能予以评说？

　　今天我来评说一下昆仑：不要你这么挺拔高峻，也不要你这么多的积雪。只需一位极为高大之人靠在天上抽出极长之剑，把你裁为三截呢？一截送去欧洲，一截赠给美洲，一截留在亚洲。在这和平世界里，让世人都能感受到一样的热情与凉情。

　　毛泽东在长征时期的心境状态，可以以《忆秦娥·娄山关》为分水岭，此前心境沉郁，此后情绪舒快。这首词展现了毛泽东独有的革命热情和世界眼光。上阕从冬日飞雪写到夏日水患，描写了昆仑山壮丽的景色和给人间带来的危害，表达了对人民的关怀。下阕评说昆仑，并且剑劈昆仑，表达了作者想改造世界、造福人类的伟大抱负和让全人类共享美好幸福的愿望。

## 诗词拓展

### 念奴娇·赤壁怀古

〔宋〕苏　轼

　　大江东去，浪淘尽，千古风流人物。故垒西边，人道是，三国周郎赤壁。乱石穿空，惊涛拍岸，卷起千堆雪。江山如画，一时多少豪杰。

　　遥想公瑾当年，小乔初嫁了，雄姿英发。羽扇纶巾，谈笑间，樯橹灰飞烟灭。故国神游，多情应笑我，早生华发。人生如梦，一尊还酹江月。

# qī lǜ · cháng zhēng
# 七律·长征

一九三五年十月

红军不怕远征难，万水千山只等闲。

五岭逶迤腾细浪，乌蒙磅礴走泥丸。

金沙水拍云崖暖，大渡桥横铁索寒。

更喜岷山千里雪，三军过后尽开颜。

**注释**

[五岭逶迤腾细浪] 五岭，指大庾、骑田、萌渚（zhǔ）、都庞、越城，绵延于江西、湖南、广东、广西四省边境。一九三四年十月，中央红军从福建、江西出发，沿这四省边境的五岭山道，越过敌人封锁线，向西进军。"腾细浪"是说五岭绵延起伏非常险峻，但在红军眼中只像水面被吹起的细小浪花。

[乌蒙磅礴走泥丸] 乌蒙山处在贵州、云南两省之间，气势宏伟，在红军看来也只像滚动着的泥丸。

[金沙水拍云崖暖] 金沙江，指长江上游自青海玉树至四川宜宾之间的一段，两岸是耸入云霄的悬崖峭壁。中央红军在云南禄劝西北的皎平渡渡过金沙江时，是一九三五年五月，正是暖春时节，所以说"云崖暖"。本句"水拍"原作"浪拍"。作者自注："水拍：改浪拍。这是一位不相识的朋友建议如此改的。他说不要一篇内有两个浪字，是可以的。"

[大渡桥横铁索寒] 大渡河源头在青海、四川两省交界的果洛山。两岸都是崇山峻岭，水势陡急，蜿蜒流至四川乐山，流入岷江。桥指四川泸定大渡河上的泸定桥，形势险要。桥长一百多米，由十三根铁索组成，铁索上铺木板。中央红军在一九三五年五月下旬到达泸定桥，这时桥板已被敌人拆掉，红军先头部队的英雄战士在对岸敌人的轰炸中攀缘着桥的铁索冲了过去，夺得此桥渡过大渡河。

[岷山] 位于四川、甘肃两省边境。岷山的南支和北支，有几十座海拔超过四千五百米的山峰，山顶终年有积雪，被称为"大雪山"。

[三军] 泛指当时整个红军队伍。作者自注："三军：红军一方面军、二方面军、四方面军。不是海、陆、空三军，也不是古代晋国所作上军、中军、下军的三军。"

1934年10月，第五次反"围剿"失败后，中央主力红军为摆脱国民党军队的包围追击，被迫踏上战略转移的漫漫征程。经过600余次战役战斗，如血战湘江、飞夺泸定桥、鏖战独树镇；跨越近百条河流，如四渡赤水、巧渡金沙江、强渡大渡河；攀越40余座高山险峰，其中海拔4000米以上的雪山就有20余座，包括诗中写到的大庾、骑田、萌渚、都庞、越城五岭，乌蒙山和岷山，穿越了被称为"死亡陷阱"的草地，行军二万五千里，最终于1935年10月达到陕北。在翻过岷山之后，中央红军决定落脚陕北，在长征即将取得胜利之际，毛泽东心情豁然开朗，写了《七律·长征》。

　　红军不怕万里长征所经历的一切艰难困苦，千山万水视为平常。在红军眼里，连绵不绝的五岭山脉不过是细小的波浪，高大雄伟的乌蒙山不过是滚动的泥丸。浊浪滔天的金沙江激起的波浪拍打着两岸的悬崖峭壁，形势险要的泸定桥，根根铁索，寒意阵阵。翻过终年积雪的岷山，面对即将来临的胜利，红军战士喜笑颜开。

　　这首诗以精练之笔概括了红军长征的基本历程，用夸张的手法形象表达了红军不怕困难、顽强斗争的革命精神。从翻山越岭到过江渡河，面对自然环境的险恶和敌人的堵截，红军战士都以坚忍不拔的意志和勇于牺牲的大无畏精神，歼灭来犯之敌，最终取得了胜利。这首诗境界远大，气势磅礴，本身也构成了长征的一部分，洋溢着革命的乐观主义精神。

## 诗词拓展

### 凉州词

〔唐〕王　翰

葡萄美酒夜光杯，欲饮琵琶马上催。
醉卧沙场君莫笑，古来征战几人回？

# 沁园春·雪

一九三六年二月

北国风光，千里冰封，万里雪飘。望长城内外，惟余莽莽；大河上下，顿失滔滔。山舞银蛇，原驰蜡象，欲与天公试比高。须晴日，看红装素裹，分外妖娆。

江山如此多娇，引无数英雄竞折腰。惜秦皇汉武，略输文采；唐宗宋祖，稍逊风骚。一代天骄，成吉思汗，只识弯弓射大雕。俱往矣，数风流人物，还看今朝。

[雪] 这首词作于红一方面军一九三六年二月由陕北准备东渡黄河进入山西西部的时候。作者在一九四五年十月七日给柳亚子的信中说，这首词作于"初到陕北看见大雪时"。作者自注，"雪：反封建主义，批判二千年封建主义的一个反动侧面。文采、风骚、大雕，只能如是，须知这是写诗啊！难道可以谩骂这一些人们吗？别的解释是错的。末三句，是指无产阶级。"

[顿失滔滔] 这里指冰封的黄河，滚滚的波浪立刻消失不见。

[看红装素裹，分外妖娆] 红日和白雪交相呼应，看上去好像装饰艳丽的美女穿着白色外衣，格外妩媚动人。

[竞折腰] 是指争着为江山奔走操劳，贡献力量。折腰，倾倒，躬着腰侍候。

[秦皇汉武] 秦始皇嬴政，秦朝的创业皇帝；汉武帝刘彻，汉朝功业最盛的皇帝。

[略输文采] 是说秦皇汉武，武功甚盛，对比之下，文治方面的成就略有逊色。文采，指辞藻、才华。

[唐宗宋祖] 唐太宗李世民，唐朝建立统一大业的皇帝；宋太祖赵匡胤，宋朝创业皇帝。

[稍逊风骚] 意近"略输文采"。风骚，本指《诗经》里的《国风》和《楚辞》里的《离骚》，后来泛指文章辞藻。

[天骄] 汉时匈奴自称为"天之骄子"，后以"天骄"泛称强盛的边地民族。（成吉思汗，元太祖铁木真在一二〇六年统一蒙古后的尊称，意思是"强者之汗"，汗是可汗的省称，即王）。蒙古在一二七一年改国号为元，成吉思汗被尊为建立元朝的始祖。

[只识弯弓射大雕] 是说成吉思汗只以武功见长。

1935 年 10 月，中央红军主力长征到达陕甘根据地，有了立足之地。而此时日本侵略者正在加紧侵占中国领土，发动所谓"华北自治运动"，企图直接控制整个华北地区。1935 年 12 月 17 日到 25 日，中共中央召开"瓦窑堡会议"，决议团结全国力量，一起抵抗日本侵略者，建立抗日民族统一战线。会后，毛泽东率领红军主力东征山西，开通抗日道路。1936 年 2 月初，毛泽东率领红军抵达陕西清涧县袁家沟，在查看地形时，恰好下了一场大雪，毛泽东心情极好，作了《沁园春·雪》。1945 年 10 月，毛泽东赴重庆与国民党谈判，将此词送给柳亚子，广为传唱，一时之间轰动山城。

全文翻译

祖国北方的风光，千里一片冰冻景象，万里雪花飘扬。望长城内外，唯有无边无际白茫茫一片。滔滔黄河，也因冰封河面而失去滚滚波浪。白雪覆盖下，群山像银蛇在舞动，高原像白象在奔跑，它们都想试着和老天爷比一下谁更高。等到晴天的时候，看红日和白雪交相辉映，景色格外娇艳美好。

江山是如此娇媚，引得无数英雄奔走操劳。可惜秦始皇、

汉武帝，略差文治功劳；唐太宗、宋太祖，稍逊文学才华。天之骄子成吉思汗，只知道拉弓射大雕，以武功见长。这些人物已成过往，真正能建功立业的英雄，还是今天的无产阶级。

　　这首词上阕勾画了北方的雪景，结合长城、黄河和黄土高原的大气磅礴、气势雄伟，描写了祖国的壮丽山河。下阕抒发了雄图壮志，从河山引入英雄人物，数历代封建君王，都不能与当前的无产阶级革命英雄相比，表达了江山就是人民，人民就是江山的博大胸怀。

## 诗词拓展

## 沁园春·孤馆灯青

〔宋〕苏　轼

**赴密州，早行，马上寄子由。**

　　孤馆灯青，野店鸡号，旅枕梦残。渐月华收练，晨霜耿耿；云山摛锦，朝露漙漙。世路无穷，劳生有限，似此区区长鲜欢。微吟罢，凭征鞍无语，往事千端。

　　当时共客长安，似二陆初来俱少年。有笔头千字，胸中万卷；致君尧舜，此事何难？用舍由时，行藏在我，袖手何妨闲处看。身长健，但优游卒岁，且斗尊前。

# 五律·喜闻捷报

一九四七年

中秋步运河上，闻西北野战军收复蟠龙作。

秋风度河上，大野入苍穹。

佳令随人至，明月傍云生。

故里鸿音绝，妻儿信未通。

满宇频翘望，凯歌奏边城。

## 注释

[蟠龙] 距延安城东北七十多里的一个古镇。

[度] 同"渡"，过的意思。

[大野入苍穹] 大野，一望无际的原野。入，溶进。苍穹，即苍天。

[佳令] 美好的节日，这里指中秋节。

[鸿音绝] 音信已断绝。

## 背景故事

  1945 年 8 月 15 日，日本宣布无条件投降。中国人民抗日战争取得伟大胜利。1946 年 6 月，国民党依仗美国援助，枉顾祖国人民的和平愿望，仗着自己地盘大、兵力足、武器先进，悍然发动全面内战。1947 年 3 月，国民党军队制定的速战速决策略失败了，又在陕北投入二十五万兵力，向中共中央和人民解放军总部所在地延安发动突然袭击。中共中央主动撤出延安，坚持在陕北采取"蘑菇"战术与敌周旋。西北野战军在彭德怀、习仲勋的指挥下，在青化砭、羊马河、蟠龙镇三战三捷。1947 年 9 月中旬，西北野战军收复青化砭、蟠龙镇，粉碎了国民党军队的重点进攻。毛泽东收到胜利的消息，欣然写就《五律·喜闻捷报》。

秋风瑟瑟吹过河面，无际原野与天相融。中秋佳节与前方的归人一起到来，夜空明月傍着晚云一道出现。故乡音信全无，妻儿书信未通。全国人民翘首以盼胜利的佳音，让祖国大地像边城一样高奏凯歌。

这首诗以景入笔，情景交融，描绘了苍茫的陕北景色。特别是在中秋时节，听闻胜利喜讯，明月高悬，心情爽朗，也想起了故乡亲人。最后，笔锋一转，表达了内心的激动和对全国胜利的渴望。

诗词拓展

## 春夜喜雨

〔唐〕杜　甫

好雨知时节，当春乃发生。
随风潜入夜，润物细无声。
野径云俱黑，江船火独明。
晓看红湿处，花重锦官城。

# 七律·人民解放军占领南京

一九四九年四月

钟山风雨起苍黄，百万雄师过大江。

虎踞龙盘今胜昔，天翻地覆慨而慷。

宜将剩勇追穷寇，不可沽名学霸王。

天若有情天亦老，人间正道是沧桑。

## 注释

[人民解放军占领南京] 一九四九年四月二十一日，毛泽东主席和朱德总司令发出《向全国进军的命令》，号令全军坚决、彻底、干净、全部地消灭中国境内一切敢于抵抗的国民党反动派，解放全中国。中国人民解放军百万大军即在西起江西湖口、东至江苏江阴的一千余里的战线上强渡长江，并于四月二十三日占领南京。

[钟山风雨起苍黄] 钟山即紫金山，在南京市的东郊。南京突然遭受了革命暴风雨的袭击，政治局面发生了改变。苍黄，同"仓皇"。

变色的意思。这是修辞上的"双关"。

[虎踞龙盘] 形容地势极险峻。

[慨而慷] 感慨而激昂。

[宜将剩勇追穷寇] 这里是号召将革命进行到底，把敌人坚决、彻底、全部地歼灭掉，不要留下后患。剩勇，余勇。穷寇，走投无路的敌人。

[不可沽名学霸王] 秦朝末年，项羽（自称西楚霸王）和刘邦（汉高祖）同时起兵反秦。项羽实力雄厚，当时为了不被人说为"不义"，没有利用良好机会消灭刘邦，后来被刘邦所灭。这里说明应从项羽的失败中得到教训，不可为了"和平"的虚名，给敌人以卷土重来的机会。沽名，故意做作或用某种手段猎取名誉。

## 背景故事

　　抗日战争胜利后，中国人民希望和平民主，建设新中国，中国共产党为此进行种种努力，但国民党背靠美国支持，以一党私利发动内战。毛泽东指挥人民解放军千里跃进大别山，通过辽沈、淮海、平津三大战略决战，消灭了国民党军队主力。国民党以"求和"为借口，妄图苟延残喘，毛泽东发出"将革命进行到底"的号召。1949 年 4 月 21 日，毛泽东、朱德发布向全国进军的命令。邓小平指挥解放军，乘风破浪，分三路强渡长江，瓦解了国民党长期苦心经营的长江防线。4 月 23 日，解放军占领国民党统治中心南京，宣告国民党反动统治覆灭。

毛泽东得知这一消息后，写了《七律·人民解放军占领南京》。

　　革命狂风暴雨席卷南京城，政治局势发生了根本变化，百万将士渡过长江天险，推翻国民党反动统治。

　　虎踞龙盘的帝王之城南京啊，如今改天换地回到人民手中，足以令人慷慨激昂。

　　趁现在的大好形势要将革命进行到底，把敌人彻底消灭，不可因图虚名，学被敌人卷土重来而惨败的西楚霸王。

天若有情，见到国民党反动派的黑暗，也要因痛苦而变衰老；身受压迫的人民，自然要彻底推翻反动统治，完成翻天覆地的革命事业。这是人类社会发展的正常规律。

这首诗上阕叙事，描写了解放军突破长江天险，解放南京的雄伟场面，使帝王之城成为人民之城的历史意义。下阕议论，指出要将革命进行到底，要善始善终，最后指出革命事业是解放人民的正义事业，是任何人也抵挡不住的，这是人类社会发展的规律。

**诗词拓展**

# 望 岳

〔唐〕杜 甫

岱宗夫如何？齐鲁青未了。
造化钟神秀，阴阳割昏晓。
荡胸生层云，决眦入归鸟。
会当凌绝顶，一览众山小。

# 七律·和柳亚子先生

一九四九年四月二十九日

饮茶粤海未能忘，索句渝州叶正黄。

三十一年还旧国，落花时节读华章。

牢骚太盛防肠断，风物长宜放眼量。

莫道昆明池水浅，观鱼胜过富春江。

**注释**

[和柳亚子先生] 柳亚子于一九四九年三月二十八日作《感事呈毛主席》一诗，这是作者的答诗。和，酬和。柳亚子，江苏吴江人。早年参加旧民主主义革命，后又参加新民主主义革命，是著名的

国民党左派。中华人民共和国成立后，先后当选为中央人民政府委员和全国人民代表大会代表、常务委员会委员。

[饮茶粤海未能忘] 粤海指广州。一九二六年五月，柳亚子（时任国民党中央监察委员）赴广州出席国民党二届二中全会，同毛泽东初次晤面。"饮茶"句即指作者同柳亚子的交往。

[索句渝州叶正黄] 毛泽东于一九四五年八月至十月曾到重庆，和国民党进行了四十多天的和平谈判。柳亚子曾向毛泽东索取诗稿，毛泽东即手书《沁园春·雪》相赠。渝州，重庆。

[三十一年还旧国] 作者一九一八年和一九一九年两次到过北京，至一九四九年北京（当时称北平）解放后再来，前后相距约三十一年。毛泽东作注："三十一年：一九一九年离开北京，一九四九年还到北京。旧国之国：都城。不是 State，也不是 Country。"旧国，过去的国都。

[落花时节读华章] 化用杜甫《江南逢李龟年》"落花时节又逢君"的诗句。华章，美丽的诗篇，指柳亚子的诗。

[放眼量] 放大眼界去衡量，不必斤斤计较个人的得失，以致牢骚太盛。

[昆明池] 指北京西郊颐和园内的昆明湖。柳亚子当时居住在颐和园内。

[观鱼胜过富春江] 在颐和园的昆明湖观赏游鱼比在富春江的钓鱼台更快乐。

    1949年3月，中共中央从西柏坡迁到北平。毛泽东电邀老友柳亚子等人，从香港到北平，共商国是。柳亚子初到北平的时候非常开心，所以即兴赋诗三首，呈给了毛泽东。在这三首诗中，柳亚子回顾了和毛泽东20多年的友情，同时还热情讴歌了革命的胜利，如"推翻历史三千载，自铸雄奇瑰丽词"。但是，柳亚子对许多新事物有些难以接受，心中难免不满，表示想要回乡隐居。毛泽东正在筹划渡江战役，百忙之中写诗劝慰柳亚子。

　　不能忘怀我们在广州品茗交往的情景，也常想起当年秋天在重庆您向我索诗时的场景。

　　三十一年之后再回北京，在这落花纷飞的暮春时节，有幸读到了你的诗篇。

　　你遇到一些不顺心的事，牢骚太多了，无益身心健康，对一切风光景物要放宽眼界去衡量。

　　不要说北京颐和园昆明湖的水太浅，在这里赏鱼的快乐要远胜于在富春江边钓鱼。

毛泽东首先回顾了与柳亚子多次交往的情谊，表达了写诗的缘由，继而劝慰柳亚子怀才不遇而求隐的情绪，正面引导他要放宽眼界来看待新事物，最后表示柳亚子留京参政议政比归隐故乡要好。全诗展现了友人间的文化交往，带有浓厚的人情，也体现了毛泽东"团结一切可以团结的人"的思想。

诗词拓展

## 七律·感事呈毛主席

柳亚子

开天辟地君真健，说项依刘我大难。
夺席谈经非五鹿，无车弹铗怨冯驩。
头颅早悔平生贱，肝胆宁忘一寸丹！
安得南征驰捷报，分湖便是子陵滩。

# 浣溪沙·和柳亚子先生

一九五〇年十月

一九五〇年国庆观剧，柳亚子先生即席赋

浣溪沙，因步其韵奉和。

长夜难明赤县天，百年魔怪舞翩跹。

人民五亿不团圆。

一唱雄鸡天下白，万方乐奏有于阗。

诗人兴会更无前。

**注释**

[浣溪沙] 词牌名，唐教坊（音乐学校）里曲子的名称。

[赤县] 指中国。《史记·孟子荀卿列传》介绍战国末驺（邹）衍的说法：中国名曰赤县神州。

[**百年魔怪舞翩跹**] 自一八四〇年鸦片战争时起，外国侵略者开始侵入中国。他们及其走狗在中国横行霸道，好似群魔乱舞。从那时到一九四九年中华人民共和国成立，已有一百多年的时间。

[**于阗**] 新疆维吾尔自治区西南部县名，一九五九改于田。当地人民以能歌善舞著名。这里借指新疆文工团所表演的音乐歌舞节目。

## 背景故事

　　1949 年 10 月 1 日，中华人民共和国正式成立，开启了中国历史发展的新纪元。新中国成立后，毛泽东和中国共产党制定了民族平等和民族团结的政策，废除了旧社会实行的民族歧视和民族压迫的政策，成功保证了中华民族的大团结和全中国的大统一。1950 年 10 月 1 日国庆一周年之际，中国大陆除西藏以外全部解放，各族人民获得了新生。10 月 3 日晚，毛泽东在中南海怀仁堂观看由西南各民族文工团、新疆文工团、吉林省延边文工团、内蒙古文工团联合演出的歌舞晚会，并请一同观看演出的柳亚子填词一首，以述民族大团结之盛况，柳亚子即兴赋《浣溪沙》一首。随后，毛泽东步其韵奉和一首，题名《浣溪沙·和柳亚子先生》。

## 全文翻译

　　中华大地在漫漫黑夜中沉沦，外国侵略者及其走狗在中国

群魔乱舞一百多年，五亿各族人民无法团圆。

雄鸡一声长鸣，中国大地重见光明，各族人民欢歌笑语，新疆儿女的歌声甜美，诗人们更加欣喜唱和兴致无限。

这首词上阕写过去，叙述鸦片战争以后中华民族遭受了前所未有的劫难，屈辱的历史，令人悲痛。下阕记当下，讲述了新中国成立后，各族人民欢聚一堂、载歌载舞的欢乐场景，与上阕形成了鲜明对照。

## 诗词拓展

## 浣溪沙·火树银花不夜天

柳亚子

十月三日之夕于怀仁堂观西南各民族文工团、新疆文工团、吉林省延边文工团、内蒙古文工团联合演出歌舞晚会，毛泽东命填是阕，用纪大团结之盛况云尔！

火树银花不夜天，弟兄姊妹舞翩跹，歌声唱彻月儿圆。

不是一人能领导，那容百族共骈阗，良宵盛会喜空前。

# 浪淘沙·北戴河

一九五四年夏

大雨落幽燕，白浪滔天，

秦皇岛外打鱼船。

一片汪洋都不见，知向谁边？

往事越千年，魏武挥鞭，

东临碣石有遗篇。

萧瑟秋风今又是，换了人间。

**注释**

[北戴河] 位于河北东北部渤海湾北岸，秦皇岛西南海滨是著名的夏季休养胜地。

101

[幽燕] 这里泛指河北。我国古代的幽州和燕国合称幽燕。

[秦皇岛] 三面环海，是渤海湾一个不冻良港，现已设市。相传秦始皇求仙曾到此，因此得名。

[魏武] 即曹操（155—220）。曹操死后，儿子曹丕当上皇帝，追封他为魏武帝。

**背景故事**

　　1952 年底，土地改革基本完成，恢复国民经济的任务顺利

实现，抗美援朝战争即将取得胜利。这些都为有计划地进行大规模经济建设提供了有利条件。1953年，党中央决定实行第一个五年计划，推进国家工业化建设。1954年初，毛泽东耗费精力亲自主持起草中华人民共和国第一部宪法，到6月，中央人民政府委员会第三十次会议讨论通过了《中华人民共和国宪法（草案）》。与此同时，对生产资料私有制的社会主义改造也在有步骤地向前推进。7月26日，毛泽东来到北戴河。在这里，毛泽东每天工作之余都要到北戴河西海滩游泳。一天，北戴河海边狂风大作，毛泽东极目幽燕，兴致百倍，下海畅游一个多小时。上岸后，他意犹未尽，创作了《浪淘沙·北戴河》。

　　大雨洒落幽燕，滔滔波浪弥漫天际，秦皇岛外出海的渔船，淹没在海面巨大的波涛里已经看不见了，也不知漂到了哪里。

　　千年以前，那时魏武帝曹操策马挥鞭，东巡到碣石山留下经典诗篇。千年之后的今天，北戴河上依旧秋风瑟瑟，但是人世间已经换了新颜。

　　这首词上阕写景，描写了大雨滂沱之下，北戴河浩渺幽远的景观。下阕抒怀，借古思今，过往兵荒马乱的日子一去不复返了，人民以前所未有的热情投入社会主义的建设中，凯歌奏响，一个全新的时代已然到来。

## 诗词拓展

### 浪淘沙·把酒祝东风

〔宋〕欧阳修

　　把酒祝东风，且共从容。垂杨紫陌洛城东。总是当时携手处，游遍芳丛。
　　聚散苦匆匆，此恨无穷。今年花胜去年红。可惜明年花更好，知与谁同？

# 水调歌头·游泳

一九五六年六月

才饮长沙水，又食武昌鱼。

万里长江横渡，极目楚天舒。

不管风吹浪打，胜似闲庭信步，今日得宽余。

子在川上曰：逝者如斯夫！

风樯动，龟蛇静，起宏图。

一桥飞架南北，天堑变通途。

更立西江石壁，截断巫山云雨，高峡出平湖。

神女应无恙，当惊世界殊。

[长沙水] 毛泽东注："民谣：常德德山山有德，长沙沙水水无沙。所谓无沙水，地在长沙城东，有一个有名的'白沙井'。"

[极目楚天舒] 放眼望去，楚地一带的天空宽广开阔。舒，舒展，开阔。毛泽东在一九五七年二月十一日给黄炎培的信中说："游长江二小时漂三十多里才达彼岸，可见水流之急。都是仰游侧游，故用'极目楚天舒'为宜。"

[宽余] 指神态舒缓，心情愉快。

[风樯] 指帆船。樯，桅杆。

[一桥飞架南北] 指当时正在修建中的武汉长江大桥。毛泽东曾将此句改为"一桥飞架，南北天堑变通途"，后恢复原句。

## 背景故事

　　1956年社会主义改造基本完成，社会主义经济制度和政治制度都已确立。在中国这样一个贫穷落后、人口众多的国家建设社会主义，没有先例，只能边探索边前行，摸着石头过河。1956年4月，毛泽东《论十大关系》的讲话，是中国共产党比较系统地探索中国自己的建设社会主义道路的开始。为迎接党的八大的召开和大规模的社会主义经济建设，毛泽东进行了一系列调查工作。1956年5月，毛泽东先后在广州、长沙和武汉开展调研。5月31日早晨，毛泽东从长沙到达武汉，上午在

船上听取武汉长江大桥工程进展情况，随后毛泽东下水游泳，从武昌游到汉口，这是毛泽东第一次横渡长江。面对轮廓初现的武汉长江大桥，毛泽东即兴写下了这首气势磅礴的《水调歌头·游泳》。

全文翻译

刚饮了长沙的水，现在又吃上了武昌的鱼。横游过这万里长江，举目眺望广阔的天空。不在乎江面上风吹浪涌，这比在庭院中散步舒服多了，今天我终于可以畅快地游泳。孔子在河岸上说：时光如这川流不息的江水，一去不复返！

江面船帆漂荡，龟蛇二山静静伫立，胸中升起远大的设想。武汉长江大桥建成以后，长江的天险之地也将畅通无阻。将来还打算在三峡建立巨型水坝，拦截巫山的雨水，使高峡间狭窄汹涌的江面变为平静的大湖。如果山上的神女还健在，看到这种景象，也该惊叹世界真是变了模样。

这首词欢快舒畅，充满着美丽的遐想，洋溢着对社会主义建设的美好畅想。上阕从饮水食鱼的寻常生活入题，传递了质朴、亲切和愉快的情感。继而写到畅游长江，仰观浩瀚无际之天空，心境也更加开阔了。更应珍惜时间，只争朝夕，不断奋进。下阕写眼前景色，舒展的船，静穆的山，激荡着心中的蓝图，社会主义建设已然取得较快进展，面向未来，还应该有更大作为。

**诗词拓展**

# 水调歌头·明月几时有

〔宋〕苏 轼

丙辰中秋，欢饮达旦，大醉，作此篇，兼怀子由。

明月几时有？把酒问青天。不知天上宫阙，今夕是何年。我欲乘风归去，又恐琼楼玉宇，高处不胜寒。起舞弄清影，何似在人间。

转朱阁，低绮户，照无眠。不应有恨，何事长向别时圆？人有悲欢离合，月有阴晴圆缺，此事古难全。但愿人长久，千里共婵娟。

# dié liàn huā　　dá lǐ shū yī
# 蝶恋花·答李淑一

一九五七年五月十一日

wǒ shī jiāo yáng jūn shī liǔ　　yáng liǔ qīng yáng zhí shàng chóng xiāo jiǔ
我失骄杨君失柳，杨柳轻扬直上重霄九。

wèn xùn wú gāng hé suǒ yǒu　　wú gāng pěng chū guì huā jiǔ
问讯吴刚何所有，吴刚捧出桂花酒。

jì mò cháng é shū guǎng xiù　　wàn lǐ cháng kōng qiě wèi zhōng hún wǔ
寂寞嫦娥舒广袖，万里长空且为忠魂舞。

hū bào rén jiān céng fú hǔ　　lèi fēi dùn zuò qīng pén yǔ
忽报人间曾伏虎，泪飞顿作倾盆雨。

## 注释

[答李淑一] 这首词是作者写给当时的湖南长沙第十中学语文教员李淑一的。李淑一（一九〇一至一九七七），湖南长沙人，杨开慧的同窗好友。词中的"柳"指李淑一的丈夫柳直荀烈士（一八九八至一九三二），湖南长沙人，毛泽东早年的战友。一九二四年加入中国共产党，一九三二年九月在湖北洪湖革命根据地被害。

110

一九五七年二月，李淑一把她写的纪念柳直荀的一首《菩萨蛮》词寄给作者，作者写了这首词答她。

[骄杨] 指毛泽东的夫人杨开慧。杨开慧（一九〇一至一九三〇），湖南长沙人，一九二一年加入中国共产党，一九三〇年十月被国民党反动派逮捕，十一月牺牲。

[重霄九] 九重霄，天的最高处。我国古代神话认为天有九重。

[吴刚] 神话中住在月亮上的一个仙人。传说月亮上有一棵高五百丈的桂树，吴刚被罚到那里砍树。桂树随砍随合，所以吴刚永远砍不断。

[嫦娥] 神话中生活在月亮上的女仙。

[舞、虎、雨] 这三个韵脚字跟上文的"柳、九、有、酒、袖"不同韵。作者自注："上下两韵，不可改，只得仍之。"

李淑一是杨开慧的老同学、好朋友，柳直荀是毛泽东的战友。经杨开慧介绍，李淑一与柳直荀认识并结婚。1933年夏，李淑一听闻丈夫柳直荀牺牲，悲痛不已，写了一首《菩萨蛮·惊梦》。1957年，毛泽东诗词十八首公开发表，李淑一想起毛泽东曾填过一首《虞美人》赠杨开慧，于是写信给毛泽东，索要全词，同时将《菩萨蛮·惊梦》寄上。5月11日，毛泽东回信并写了《蝶恋花·答李淑一》。

我失去了挚爱的妻子杨开慧，你失去了你的丈夫柳直荀，杨、柳两位烈士的英魂轻轻飘扬直上天的高处。询问吴刚在天宫里都有什么？吴刚捧出了月宫独有的桂花酒。

寂寞的嫦娥舒展起宽大的衣袖，在万里青天为烈士的忠魂翩翩起舞。忽然听到中国人民已经推翻了国民党反动派统治的捷报，两位烈士忠魂的热泪滚落到人间化作倾盆大雨。

这首词表达了毛泽东对于烈士的怀念与赞美，上阕充满浪漫主义的想象，既是对李淑一积蕴多年情感的深切共情，也是对逝去英魂的无限遐思。下阕讲述了英烈所追求的崇高理想，在新生的中华人民共和国开始实现，这是他们在天之灵的回声。

**诗词拓展**

## 菩萨蛮·惊梦

李淑一

兰闺索寞翻身早，夜来触动离愁了。底事太难堪，惊侬晓梦残。

征人何处觅？六载无消息。醒忆别伊时，满衫清泪滋。

# 七律二首·送瘟神

一九五八年七月一日

读六月三十日《人民日报》，余江县消灭了血吸虫。浮想联翩，夜不能寐。微风拂煦，旭日临窗，遥望南天，欣然命笔。

## 其一

绿水青山枉自多，华佗无奈小虫何！

千村薜荔人遗矢，万户萧疏鬼唱歌。

坐地日行八万里，巡天遥看一千河。

牛郎欲问瘟神事，一样悲欢逐逝波。

## 其二

春风杨柳万千条， 六亿神州尽舜尧。

红雨随心翻作浪， 青山着意化为桥。

天连五岭银锄落， 地动三河铁臂摇。

借问瘟君欲何往， 纸船明烛照天烧。

**注释**

[送瘟神] 把传说中的司瘟疫之神送走。只有把群众力量同科学知识相结合，才有可能把危害中国老百姓的血吸虫病彻底消灭。

[江县] 在江西东北部，是当年血吸虫的重疫区。

[华佗无奈小虫何] 本句的意思是不发动群众消灭它，就是华佗再世也无能为力。华佗，汉代末年著名的医生。小虫，指血吸虫。

[一样悲欢逐逝波] 这里是说人间的血吸虫病，在中国共产党没有发动群众加以扑灭以前，还是同牛郎在时一样，人民忍受病痛疾苦，瘟神独自欢愉，多少年头就这样流水一般地过去了。逝波，流逝

的河水，借喻过去的时间。

[六亿神州尽舜尧] 中国的六亿人（当时人口约数）都是像尧舜一样
的圣人。尧和舜是传说中上古时期的两代圣君。

[红雨随心翻作浪，青山着意化为桥] 这里是把自然界拟人化，渲染
中国人民在党的领导下，改造自然的得心应手。毛泽东自注："'红
雨'指桃花。写这句是为下句创造条件。'青山着意化为桥'，
指青山穿洞成为桥。这两句诗有水有桥。"

　　血吸虫病在中国流行了两千多年，俗称"大肚子病"。中华人民共和国成立后，党中央十分关注人民健康问题。1951年，毛泽东就要求把防疫作为一项政治任务来抓。1955年，毛泽东到疫情严重的江西视察工作时，发出"一定要消灭血吸虫病"的号召。1956年2月，毛泽东再次强调"全党动员、全民动员，消灭血吸虫病"，并派遣专家组赴各地指导如何消灭血吸虫。这样靠党组织、科学家和人民群众的共同努力，筑牢了消灭血吸虫的防线。1958年6月30日，毛泽东读到《人民日报》发表的长篇报道《第一面红旗——记江西余江县根本消灭血吸虫病的经过》，十分激动，不禁浮想联翩，夜不能寐，在中国共产党三十七周岁纪念日的清晨，写下《七律二首·送瘟神》。

## 全文翻译

其一

祖国大地枉有这么多的绿水青山，神医华佗也没有根治小小的血吸虫病的办法。

许多村庄因瘟疫无情地蔓延而荒无人烟，数千户家破人亡，听到的也只能是鬼唱歌的声音。

因地球的自转，人们在不知不觉中行了八万里路，人们沿着地球公转的轨迹也在遥看浩瀚的银河。

牛郎如问起血吸虫病的事，所有的悲欢离合已随着时间的流逝而成为过去。

其二

春风吹拂，杨树、柳树都长出新芽，祖国大地一片生机勃勃，六亿人民意气风发，团结一心，都像是尧舜一样的圣人。

落花随自己的心意翻波逐浪，崎岖的青山也被建设为康庄大道。

人民群众手持银色的铁锄，挥舞着坚实的臂膀，兴建水利，治理河山，大地都被震动。

请问瘟神啊，你要到哪里去？人们焚纸明烛，送瘟神。在六亿人民的奋进中无处存身，只有逃离人间。

这两首诗是不可分割的联章体，第一首记述了过去血吸虫病肆虐的情景，旧社会对血吸虫病的无能为力。第二首描写了新中国通过依靠群众，整治血吸虫病已见成效的事实。歌颂了人民当家做主，建设社会主义的巨大积极性和创造性，洋溢着奇思妙想的革命浪漫主义。

## 诗词拓展

### 闻官军收河南河北

〔唐〕杜　甫

剑外忽传收蓟北，初闻涕泪满衣裳。
却看妻子愁何在，漫卷诗书喜欲狂。
白日放歌须纵酒，青春作伴好还乡。
即从巴峡穿巫峡，便下襄阳向洛阳。

# 七律·到韶山

一九五九年六月

一九五九年六月二十五日到韶山。离别这个地方已有三十二周年了。

别梦依稀咒逝川，故园三十二年前。

红旗卷起农奴戟，黑手高悬霸主鞭。

为有牺牲多壮志，敢教日月换新天。

喜看稻菽千重浪，遍地英雄下夕烟。

**注释**

[韶山] 在湖南湘潭，是毛泽东的故乡。

[别梦依稀咒逝川] 久别重归，又唤起了已依稀如梦的斗争和失败的回忆。逝川，一去不返的流水，指消逝的年代，即三十二年前反革命势力屠杀人民的年代是可诅咒的。

[戟] 古代的一种刺杀武器。

[黑手] 反革命的血腥魔掌。

[霸主] 指蒋介石。

[稻菽] 泛指庄稼。菽，豆类的总称。

## 背景故事

　　1959 年 6 月 25 日下午，毛泽东回到阔别 32 年的韶山。从 1927 年发动秋收起义之后，毛泽东再也没有回过家乡。在回乡的路上，车窗外熟悉的景物勾起了他对往事的回忆，与陪同人员谈起了革命时期的经历。到了韶山后，毛泽东来到父母墓前，长久肃立，深深地三鞠躬。他拜访邻居及韶山学校的师生，并邀请乡亲们一起吃了晚饭。短短三四天的韶山之行，给毛泽东留下了深刻的印象，也了却了他多年以来的思乡之情。抚今追昔，回想过去 32 年的斗争和胜利，毛泽东感慨万千，写下了《七律·到韶山》。

久别重归，又唤起了已依稀如梦的斗争和失败的回忆，仿佛又回到 32 年前的故乡。红旗漫卷吹动农民的武装，蒋介石反革命势力的魔爪高举着铁鞭。

只有敢于为伟大理想而不怕牺牲，才能改变旧的日月，换新的天地。大片的庄稼丰收如浪涛滚滚，在夕阳下尽是农民英雄们收工归来的身影。

这首诗既是对过去的缅怀与纪念，歌颂了过去的英勇斗争，揭示了新旧社会的不同本质，同时也表现了社会主义建设的美好前景，也正是一代又一代人的奋斗和追求，使得山河旧貌换新颜。

诗词拓展

## 早发白帝城

〔唐〕李 白

朝辞白帝彩云间，千里江陵一日还。
两岸猿声啼不住，轻舟已过万重山。

# 七律·登庐山

一九五九年七月一日

一山飞峙大江边，跃上葱茏四百旋。

冷眼向洋看世界，热风吹雨洒江天。

云横九派浮黄鹤，浪下三吴起白烟。

陶令不知何处去，桃花源里可耕田？

## 注释

[九派] 一九五九年十二月二十九日，毛泽东在一封信上说："九派，湘、鄂、赣三省的九条大河。究竟哪九条，其说不一，不必深究。"

[三吴] 这里泛指长江下游。作者在一九五九年十二月二十九日同一封信上说："三吴，古称苏州为东吴，常州为中吴，湖州为西吴。"

[陶令] 指陶渊明，字元亮，东晋诗人。他曾经做过彭泽县令，故称陶令。他曾经登过庐山。他辞官后归耕之地，离庐山也不远。

[桃花源] 陶渊明曾作《桃花源记》，文中说秦时有些人逃到一个偏僻宁静的"桃花源"避乱，从此与世隔绝，过着和平的劳动生活。直到晋朝才有一个渔人因迷路偶然找到这个美丽幸福的奇境。

背景故事

1956 年社会主义改造完成后，人民热情高涨，投入社会主义建设之中。但当时中国人口众多、贫穷落后，在建设社会主义的道路上，党还缺乏经验，只能在探索中前进。对此，毛泽东努力纠正政策的失误和执行中的偏差，但他对未来仍充满自信，准备在庐山召开会议，总结 1958 年以来工作中的经验教训，统一认识。1959 年 6 月，毛泽东离开北京，6 月 25 日回到故乡韶山，7 月 1 日登上庐山。连日来，庐山一直阴雨连绵，这天早上突然放晴，毛泽东心情轻松，作了《七律·登庐山》。

全文翻译

庐山岿然耸立于长江岸边，在车内望去，一路上草木茂盛，驱车到达山上。

以冷静的眼光面向重洋观察世界，一股热风吹起骤雨，洒向寥廓江天。

124

白云笼罩，水天相接，武汉三镇仿佛漂浮其上，浪涛滚滚，一泻之下的三吴升起白茫茫的烟雾。

　　昔日陶渊明已不知到哪儿去了，"桃花源"里现在可以耕田劳动了吗？


　　这首诗描写了庐山奇特壮观的风景和雄伟峻峭的气势，表达了诗人登高望远的豪迈气概和振奋精神。最后以"桃花源"

这个理想世界为引子，表达了毛泽东针对当时国际国内斗争形势，决心带领中国人民独立自主、勇往直前的勇气与建设社会主义事业的豪迈之情。

诗词拓展

## 饮酒·其五

〔晋〕陶渊明

结庐在人境，而无车马喧。
问君何能尔？心远地自偏。
采菊东篱下，悠然见南山。
山气日夕佳，飞鸟相与还。
此中有真意，欲辨已忘言。

# 七绝·为女民兵题照

## 一九六一年二月

飒爽英姿五尺枪，

曙光初照演兵场。

中华儿女多奇志，

不爱红装爱武装。

**注释**

[飒爽] 形容豪迈而矫健。杜甫《丹青引》："英姿飒爽来酣战。"

[儿女] 这里代指女性。

[红装] 妇女红艳美丽的装扮。

　　20世纪50年代后期，国际形势紧张，党中央号召大办民兵，全民皆兵。北京首先成立了民兵师，为了参加中华人民共和国成立十周年的庆典检阅，成立了民兵方队。当时在中央办公厅工作的李原慧，参加民兵方队，并于1959年10月1日参加首都民兵方队检阅后，照了相。1960年，在跟随毛泽东调查研究的过程中，李原慧将照片给毛泽东看，毛泽东赞赏道："你们年轻人就是要有志气，不要学林黛玉，要学花木兰、穆桂英！"并为这张照片题诗《七律·为女民兵题照》。

女民兵英姿飒爽，手持五尺钢枪，在红日初升的朝霞中，已经开始在练兵场训练。中华民族的女子志向不凡，不爱好红艳美丽的装扮，而爱革命的武装。

这首诗前两句是对女民兵训练的概括，烘托出全民皆兵、严阵以待的尚武气氛；后两句直抒胸臆，升华了女民兵的精神，赞扬了中华儿女尚武的志向，这也是革命胜利的重要法宝。

## 诗词拓展

### 题木兰庙

〔唐〕杜　牧

弯弓征战作男儿，梦里曾经与画眉。

几度思归还把酒，拂云堆上祝明妃。

# 七律·答友人

qī lǜ · dá yǒu rén

一九六一年

九嶷山上白云飞，帝子乘风下翠微。

斑竹一枝千滴泪，红霞万朵百重衣。

洞庭波涌连天雪，长岛人歌动地诗。

我欲因之梦寥廓，芙蓉国里尽朝晖。

## 注释

[答友人] 这首诗写作者对湖南的怀念和祝愿。友人即周世钊。本诗作者手迹原题为"答周世钊同学"，后改为"答友人"。周世钊，湖南宁乡人，是毛泽东在湖南省立第一师范学校的同学，曾加入新民学会。

[九嶷山] 又名苍梧山，在湖南南部宁远县城南六十里。古代传说舜帝葬其地，二妃寻舜至湘江，悼念不已，泪滴竹上而成斑点，称为湘妃竹。所以下文有"斑竹一枝千滴泪"之句。

[洞庭] 洞庭湖，在湖南北部。

[雪] 指白浪。

[长岛] 长沙橘子洲。

## 背景故事

  1961 年，全国经济形势与民生愈加恶化，国际风云变幻莫测。1 月，毛泽东向全党发出了"大兴调查研究之风"的号召，要求 1961 年成为实事求是年、调查研究年。这一年 2 月到 9 月，毛泽东先后四次回湖南搞调查研究。重归故里，毛泽东感慨万千，也是在这一时期，搞调研工作的乐天宇遇到他的老朋友周世钊、李达，并聊起了他们共同在湖南一起搞革命运动的老朋友：毛泽东。于是几位老友就给毛泽东寄来富有家乡特色的墨刻、斑竹秆做的毛笔等特产，还有吟咏家乡的诗歌。这不但让毛泽东感到友情的温暖，还触动他对故乡的怀念，因此作了《七律·答友人》。

九嶷山上空白云飘扬，娥皇与女英两位妃子乘着微风来到山下。

妃子的眼泪落在青青的竹枝上留下斑斑泪痕，天上的红霞仿佛是风织成的绚丽衣衫。

洞庭湖卷起白色浪花，橘子洲当歌一曲感动天地。

这些让我想起辽阔的故乡，在芙蓉盛开的家乡朗照着清晨的光辉。

这首诗虽然是在严峻的形势下写的，但表现了一种淡定的情绪。前半部分描写了仙女下山的浪漫场景，同时也植入了对烈士的思念。后半部分表现了毛泽东拳拳思乡之情和战胜困难的强大意志。

## 诗词拓展

### 赠友人三首·其一

〔唐〕李　白

兰生不当户，别是闲庭草。
凤被霜露欺，红荣已先老。
谬接瑶华枝，结根君王池。
顾无馨香美，叨沐清风吹。
馀芳若可佩，卒岁长相随。

# 七律·和郭沫若同志

一九六一年十一月十七日

一从大地起风雷，便有精生白骨堆。

僧是愚氓犹可训，妖为鬼蜮必成灾。

金猴奋起千钧棒，玉宇澄清万里埃。

今日欢呼孙大圣，只缘妖雾又重来。

**注释**

[和郭沫若同志] 一九六一年十月间，浙江绍剧团在北京演出绍剧《孙悟空三打白骨精》。郭沫若看过戏作了一首诗，借以反对当时所说的现代修正主义。本诗的主旨与郭诗相同，只是不赞同其诗敌视被白骨精欺骗的唐僧。郭读本诗后表示接受毛泽东的意见。郭

沫若，四川乐山人，现代著名的文学家和历史学家。

[愚氓] 愚蠢的人。这里指被迷惑的糊涂人。

20 世纪 50 年代中期，中国共产党和苏联共产党之间出现了分歧，但都在一定范围内得到控制。但 1960 年 7 月，苏联决定单方面撕毁中苏合同，撤走援华专家，挑起中苏边境纠

纷，恶化了同中国共产党的关系。正巧郭沫若 1961 年 10 月 18 日在北京民族文化宫看了浙江绍剧团演出的《孙悟空三打白骨精》，随后写了一首题为《看孙悟空三打白骨精》的七律，批评唐僧把人当妖精，把妖精当人，混淆是非，不分敌友，应把唐僧千刀万剐。毛泽东看了这首诗，认为诗中把唐僧看作敌人，要"千刀万剐"，是不恰当的。于是给郭沫若写了这首《七律·和郭沫若同志》，告诫人们既要敢于斗争，又要善于斗争。

**全文翻译**

自从风雷震动了大地，白骨堆中便生了白骨精。

虽然唐僧是个经常受迷惑的糊涂人，但是还可以教育争取。妖精是鬼怪，必然会带来灾难。

孙悟空挥起金箍棒奋勇降妖，从此天地澄清，万里无尘。

今天我们要欢迎这位齐天大圣，因为妖魔鬼怪又卷土重来。

这首诗是议论体的诗，第一句点明了妖精的客观存在，每当扫除腐恶的时候，总会出来妖魔鬼怪。有革命的同时就有反革命。但是在革命过程既要敢于同敌人做斗争，也要分清敌我。将"唐僧"比喻成"中间派"，虽暂时受蒙蔽，但终究会醒悟。最后表达了与敌人斗争到底的决心和勇气。

诗词拓展

## 七律·看孙悟空三打白骨精

郭沫若

人妖颠倒是非淆，对敌慈悲对友刁。
咒念金箍闻万遍，精逃白骨累三遭。
千刀当剐唐僧肉，一拔何亏大圣毛。
教育及时堪赞赏，猪犹智慧胜愚曹。

# 卜算子 · 咏梅

bǔ suàn zǐ　　yǒng méi

一九六一年十二月

读陆游咏梅词，反其意而用之。
dú lù yóu yǒng méi cí　fǎn qí yì ér yòng zhī

风雨送春归，飞雪迎春到。
fēng yǔ sòng chūn guī　fēi xuě yíng chūn dào

已是悬崖百丈冰，犹有花枝俏。
yǐ shì xuán yá bǎi zhàng bīng　yóu yǒu huā zhī qiào

俏也不争春，只把春来报。
qiào yě bù zhēng chūn　zhǐ bǎ chūn lái bào

待到山花烂漫时，她在丛中笑。
dài dào shān huā làn màn shí　tā zài cóng zhōng xiào

## 注释

[陆游] 字务观，号放翁，山阴（今浙江绍兴）人。南宋诗人。他生活在封建统治阶级向外来侵略势力屈服求和的时代，他的爱国抱

负无用武之地，晚年隐退还乡。他在《咏梅》中表现出孤芳自赏、凄凉抑郁的心情。本词用陆游原调原题，但情调完全相反，所以说"反其意而用之"。

## 背景故事

1959 年以来，国内经济面临严重困难，国际上帝国主义、各国反动势力和修正主义的反华大合唱甚嚣尘上，妄图孤立中国。面对内忧外患的严峻形势，到底该如何鼓励全党和全国人民团结一致，排除万难，去争取胜利呢？1961 年 12 月下旬，国民经济经过调整有了一些好转的迹象，毛泽东的心情稍有放松，在翻读南宋诗人陆游的《咏梅》词后，偶有所感，决定"反其意而用之"，作了《卜算子·咏梅》。

风雨将春天送走了，飞雪又把春光迎来。正是悬崖结下百丈冰柱的时节，但梅花仍然在寒冬中傲雪绽放。

梅花虽然美丽，却无意与春花争奇斗艳，只是把春天的消息来报告。等到山间开满鲜花之时，梅花却功藏身与名，在花丛中欢笑。

这首词的境遇虽然与陆游一样，都是在遭遇干涉和打击后的心情，但是与陆游所不同的是，毛泽东表达了一种充满自信向上的乐观精神。面对霸权主义的围攻和封锁，毛泽东借歌颂梅花，吐露了敢于斗争、敢于战胜困难的决心。

## 诗词拓展

### 卜算子·咏梅

〔宋〕陆 游

驿外断桥边，寂寞开无主。已是黄昏独自愁，更著风和雨。

无意苦争春，一任群芳妒。零落成泥碾作尘，只有香如故。

# 七律·冬云

一九六二年十二月二十六日

雪压冬云白絮飞，万花纷谢一时稀。

高天滚滚寒流急，大地微微暖气吹。

独有英雄驱虎豹，更无豪杰怕熊罴。

梅花欢喜漫天雪，冻死苍蝇未足奇。

**注释**

[冬云] 作诗日期为十二月二十六日（毛泽东的生日），是当年冬至节后的第四天。旧说"冬至"阳生，所以诗中说"大地微微暖"是比喻虽在冬至，大地并没有完全被寒流控制。

[熊罴] 喻指苏联赫鲁晓夫修正主义。

　　1962 年前后国内外形势错综复杂。国内召开七千人大会，调整了国民经济政策。与此同时，中国共产党面临来自多方公开和潜在的威胁：美国武装插足台湾，干涉中国内政；苏联共产党以"老子党"自居，拉拢一众队友公开指责中国；8 月，中印边境发生争端，苏联公然支持印度；11 月，苏联加大了攻击中国的力度，接连发表讲话和文章，指责中国。在这一特定的时代氛围中，毛泽东迎来了六十九岁的生日，他仍充满战斗豪情，写下了这首《七律·冬云》。

大雪低压着冬云而雪花纷飞，一瞬间万紫千红的花全部凋谢。高空中乌云滚滚寒流湍急的时刻，地上冒出一丝暖气也会吹走严冬。

英雄豪杰面对帝国主义及修正主义，志气不可消，气势不可夺。面对冬日里的漫天大雪，梅花很是欢喜，它傲然挺立不怕严寒，这严寒只会冻死那些软弱的苍蝇。

这首诗上阕以冬天的自然景观比喻当时的国际形势，营造了一种强烈、沉重、压抑的气氛。虽然社会主义运动在低潮中探索，但仍有革命力量在升起，特别是站在人民之中的马克思主义者。下阕诗人开始议论，深信英雄的中国人民过去推翻"三座大山"，赶走帝国主义及其走狗这样的虎豹，今日也不会惧怕。

## 诗词拓展

### 白云泉

〔唐〕白居易

天平山上白云泉，云自无心水自闲。
何必奔冲山下去，更添波浪向人间。

# 满江红·和郭沫若同志

一九六三年一月九日

小小寰球，有几个苍蝇碰壁。

嗡嗡叫，几声凄厉，几声抽泣。

蚂蚁缘槐夸大国，蚍蜉撼树谈何易。

正西风落叶下长安，飞鸣镝。

多少事，从来急，天地转，光阴迫。

一万年太久，只争朝夕。

四海翻腾云水怒，五洲震荡风雷激，

要扫除一切害人虫，全无敌。

[寰球] 指全球。

[蚍蜉撼树] 这是对不自量力的人的嘲笑。蚍蜉，大蚂蚁。撼，摇动。

[正西风落叶下长安，飞鸣镝] 秋风刮起虫子就不好过了。鸣镝，古时一种射出去能发声音的箭，也叫响箭。这里借喻革命力量的声讨。

背景故事

　　20 世纪 50 年代末 60 年代初，对中国而言，可谓多事之秋。中苏两党关系走向破裂，并日益恶化，国际社会主义阵营出现分裂危机。对此毛泽东强调要"不怕鬼"。1962 年冬，中国刚刚走出三年困难时期，苏联共产党对中国共产党的围攻持续加剧。我国开始予以还击。郭沫若在《满江红·一九六三年元旦抒怀》一词中，表达出中国人民面对反华势力团结一致、坚持斗争的必胜信念。毛泽东读后，便在 1 月 9 日写了这首《满江红·和郭沫若同志》声讨国外政敌，号召共产党人增强斗志。

　　在小小的地球上，总有那么几个国家，像几只碰壁的苍蝇一样嗡嗡乱叫，看似声色俱厉，有时又像在哭泣。这些国家就像是槐树下的蚂蚁一样，吹嘘自己国家的强大，却不知道他们的行为，就像蚍蜉想撼大树一样可笑！我们的革命力量，像秋风扫落叶一样吹散他们。

　　无数人世间的事都匆匆而过，转瞬即逝，天地不断旋转，光阴紧迫。一万年以后的胜利，实在太久，我们只争朝夕，增

强主动。当今的世界上，四海翻腾，五洲震荡，形势诡谲。我们要消灭所有危害人类的败类，还一个太平世界给人民。

　　这首词表达了毛泽东对国际大势的基本看法和斗争意志。毛泽东从地球入手，反映了他看问题的科学根据和浪漫情怀，展现了毛泽东面对不利的国际局势的一种乐观、自信、豪迈的气魄与品格。上阕用了典故，表达了对霸权主义的嘲讽与蔑视；下阕借景抒怀，赞颂了风起云涌的世界革命形势和正义力量必将胜利的情怀。

### 诗词拓展

## 满江红·沧海横流

郭沫若

　　沧海横流，方显出，英雄本色。人六亿，加强团结，坚持原则。天垮下来擎得起，世披靡矣扶之直。听雄鸡一唱遍寰中，东方白。

　　太阳出，冰山滴；真金在，岂销铄？有雄文四卷，为民立极。桀犬吠尧堪笑止，泥牛入海无消息。迎东风革命展红旗，乾坤赤。

# 七律·吊罗荣桓同志

一九六三年十二月

记得当年草上飞，红军队里每相违。

长征不是难堪日，战锦方为大问题。

斥鷃每闻欺大鸟，昆鸡长笑老鹰非。

君今不幸离人世，国有疑难可问谁？

**注释**

[罗荣桓] 湖南衡山人，一九二七年加入中国共产党，曾参加湘赣边界秋收起义。一九六三年十二月十六日在北京逝世。毛泽东一向很敬重对党和人民无限忠诚的罗荣桓，他在知道罗逝世的消息以后悲痛逾常，写下了这首悼诗。

[草上飞] 指红军在战争中行动迅速。

[每相违] 常有不同意见的争论。

[长征不是难堪日，战锦方为大问题] 一九三五年一月遵义会议后，毛泽东在贵州、四川境内率领中央红军迂回作战，四渡赤水，出敌不意地威逼贵阳转入云南，胜利地渡过金沙江，从而摆脱追堵的几十万敌军，部队经常需要急行军。林彪曾在同年五月于四川南部会理城郊召集的中共中央政治局会议前夜写信给中央革命军事委员会，认为这样"走弓背路"要"拖垮军队"，要求改变军委领导。林彪的这个要求被政治局会议完全拒绝。这个问题的解决没有遇到什么困难。

[战锦] 是指一九四八年九月、十月间攻打锦州，即辽沈战役的第一个和关键性的大仗。毛泽东在九月七日为中央军委写的给林彪、罗荣桓等的电报，早已详细说明攻打锦州的重大意义和同先打长春的利害得失的比较，但东北野战军司令员林彪在此前后长达半年多的时间内，强调南下北宁路作战困难，徘徊犹豫于攻锦州和攻长春之间。罗荣桓是主张执行中央军委和毛泽东的战略决策的，所以诗中特意提及。

[斥鷃每闻欺大鸟] 《庄子·逍遥游》中说，斥鷃笑鹏鸟飞得太高，认为自己在蓬蒿中飞翔，已经是飞得最好了。

[昆鸡长笑老鹰非] 俄国寓言《鹰和鸡》中说，鹰因为低飞而受到鸡的耻笑，认为鹰飞得跟鸡一样低；鹰答道：鹰有时比鸡还飞得低，但鸡永远不能飞得像鹰那样高。昆鸡，古说即鶤鸡或鵾鸡，一种大鸡。

150

　　1963 年 12 月 16 日，罗荣桓元帅在北京逝世。罗荣桓跟毛泽东，是从参加 1927 年湘赣边界秋收起义时相识的。多少年来，毛泽东一直对他很敬重，很信任。他去世的当晚，毛泽东同刘少奇、邓小平等正在听取聂荣臻汇报十年科学技术规划。会议开始，他提议大家起立，为罗荣桓默哀，并说罗荣桓"这个同志原则性强，表里如一，对党忠诚，对党的团结起了很大的作用"。毛泽东沉浸在悲痛之中，吟成悼念诗《七律·吊罗荣桓同志》。

还记得当年红军战士在战争中行动迅速，但队伍里经常存在不同意见。

长征途中关于行军路线的争论不难解决，真正困难的是攻打锦州之战的决策之争。

斥鷃嘲笑大鹏飞得高且辛苦，不如自己飞得自在，大鸡耻笑鹰和它飞得一样低。

而今你却不幸辞世，今后国家大事的商讨可问计于谁呢？

这首诗寄托了毛泽东的哀思，首句叙事，叙述两人的革命友谊。第二句通过两件历史事件，从侧面烘托了罗荣桓对党忠诚，坚决执行党中央决定的品质。第三句借用典故，斥责错误路线为代表的"斥鷃"与"昆鸡"，赞扬正确路线代表，包括罗荣桓在内的"大鸟"和"老鹰"。最后一句哀念罗荣桓，抚思国事，痛失栋梁，表达了毛泽东对罗荣桓的高度器重。

# 悼罗荣桓同志

朱　德

起义鄂南即治军，忠诚革命贯平生。
身经百战摧强敌，留得丰功万古存。

# 贺新郎·读史

一九六四年春

人猿相揖别。只几个石头磨过，小儿时节。

铜铁炉中翻火焰，为问何时猜得，

不过几千寒热。人世难逢开口笑，

上疆场彼此弯弓月。流遍了，郊原血。

一篇读罢头飞雪，

但记得斑斑点点，几行陈迹。

五帝三皇神圣事，骗了无涯过客。

有多少风流人物？盗跖庄蹻流誉后，

更陈王奋起挥黄钺。歌未竟，东方白。

[**石头磨过**] 把石头磨成石器。比喻石器时代是人类的"小儿时节"。

[**铜铁炉中翻火焰**] 代指青铜器时代和铁器时代。

[**不过几千寒热**] 青铜器时代和铁器时代只经过几千年，说明人类的进化越来越快。

[**人世难逢开口笑，上疆场彼此弯弓月**] 全句指人类过去的历史充满了各种苦难和战争。

[**五帝三皇神圣事**] 传说中国古代有三皇五帝，具体说法不一，但都被认为是最高尚、最有才能的神圣人物。

[**盗跖庄屩流誉后，更陈王奋起挥黄钺**] 这两句是用来概括中国几千年历史上被压迫人民的武装斗争。

　　毛泽东喜欢读书，终生以书为伴，尤其喜欢读史书。他十分注重研究历史，从历史吸取经验教训。毛泽东一直随身携带《二十四史》，《资治通鉴》更是被毛泽东反复阅读。从 1952 年起，毛泽东开始系统读史，1964 年春，毛泽东在读《史记》和范文澜的《中国通史简编》时，深有感触，写了《贺新郎·读史》。

类人猿进化到人，告别了类人猿的幼儿时代。之后，就进步到最早的石器时代。从石器时代进化到青铜、铁器时代，我国何时进入奴隶社会和封建社会？这不过是几千年的时间罢了。进入阶级社会后，世界多有不平之事，对立阶级不可能笑脸相迎。矛盾激化，只能刀兵相见，血染大地，尸横遍野。

旧史难读，博大精深，读到头白年衰，也难以穷尽。关于三皇五帝不过是传说，却被认为是最贤明神圣的君主，蒙蔽了古今多少人。只有不断抗争的领袖才是真正的风云人物，奴隶起义的领袖庄蹻流传后世，农民起义的领袖陈胜、吴广，揭竿而起，建立政权。咏史之歌尚未唱完，东方已经发白。

这首咏史词，旗帜鲜明地提出了群众英雄史观。上阕以大写意的手法，描绘了人类社会的发展史。以生产工具为主要标志的生产力的提高，推动了人类社会不断发展。下阕评述了人类进入阶级社会后，阶级斗争的惨烈与残酷。最后以"歌未竟，东方白"收尾，一方面是写实，讲述自己读史彻夜未眠；另一方面是从象征的角度来看阶级斗争的历史之歌尚未唱完，中国革命已大功告成。

　　诗词拓展

# 南乡子·登京口北固亭有怀

〔宋〕辛弃疾

　　何处望神州？满眼风光北固楼。千古兴亡多少事？悠悠。不尽长江滚滚流。

　　年少万兜鍪，坐断东南战未休。天下英雄谁敌手？曹刘。生子当如孙仲谋。

# 水调歌头·重上井冈山

一九六五年五月

久有凌云志，重上井冈山。

千里来寻故地，旧貌变新颜。

到处莺歌燕舞，更有潺潺流水，

高路入云端。

过了黄洋界，险处不须看。

风雷动，旌旗奋，是人寰。

三十八年过去，弹指一挥间。

可上九天揽月，可下五洋捉鳖，

谈笑凯歌还。

世上无难事，只要肯登攀。

## 注释

**[重上井冈山]** 一九六五年五月，作者重上井冈山游览视察。二十二日，先后到黄洋界和茨坪。在茨坪居住期间，了解了井冈山地区水利、公路建设和人民生活的现状，会见了老红军、烈士家属、机关干部和群众。二十五日写了这首词，二十九日下山。

**[三十八年过去，弹指一挥间]** 从一九二七年十月毛泽东率领秋收起义部队上井冈山，到这次重来，已经过去了三十八年，作者却觉得只是弹一下指、挥一下手，指时间短。

**[九天揽月]** 可到天宫摘取月亮。九天，天的极高处。

**[捉鳖]** 喻指擒拿敌人。

## 背景故事

1965 年 5 月，毛泽东从武汉经过湖南茶陵和江西永新重新登上井冈山。故地重游，豪情满怀。在茅坪八角楼前，毛泽东沉思，回想起当年的战斗，黄洋界保卫战留下的痕迹仍在。此时他已经相隔 38 年没有回到这个当年践行开创革命事业的故地了，不禁心潮澎湃，写下了《水调歌头·重上井冈山》。

　　长久以来都抱有宏大的志向，今天我再次登上井冈山。从千里之外来寻访这片旧地，完全改变了旧日的容颜。到处都是莺歌燕舞、流水潺潺的美好景象，以及直入云端的宽大公路。翻过黄洋界天险，就没有其他险处了。

当年在这里战风斗浪，红旗漫卷。三十八年过去了，犹如弹指的一刹那。可以飞向高空摘月亮，也可以潜下深海捉鳖，谈笑间高奏凯歌还师。世上没有什么困难的事，只要肯下定决心去登攀。

这首词上阕描写了井冈山的变化，呈现了新中国的新面貌，抒发了作者对于井冈山变化的由衷赞美。下阕回想革命往事，深知胜利来之不易，但仍要继续前进，不畏艰险，敢于攀登。

**诗词拓展**

## 水调歌头·送章德茂大卿使虏

〔宋〕陈 亮

不见南师久，漫说北群空。当场只手，毕竟还我万夫雄。自笑堂堂汉使，得似洋洋河水，依旧只流东？且复穹庐拜，会向藁街逢！

尧之都，舜之壤，禹之封。于中应有，一个半个耻臣戎！万里腥膻如许，千古英灵安在，磅礴几时通？胡运何须问，赫日自当中！

# 念奴娇·鸟儿问答

一九六五年秋

鲲鹏展翅，九万里，翻动扶摇羊角。

背负青天朝下看，都是人间城郭。

炮火连天，弹痕遍地，吓倒蓬间雀。

怎么得了，哎呀我要飞跃。

借问君去何方，雀儿答道：有仙山琼阁。不见前年秋月朗，订了三家条约。

还有吃的，土豆烧熟了，再加牛肉。

不须放屁，试看天地翻覆。

## 注释

[鲲鹏] 这里指由大鱼变成的大鸟，常作褒义用。比喻坚持马克思主义的战士。

[九万里，翻动扶摇羊角] 意思都是说大鹏在向南海飞的时候，凭着旋风的力量，翻动翅膀，飞上九万里高空。扶摇和羊角都是旋风的名称。

[琼阁] 琼楼玉宇，仙人住处。

[订了三家条约] 指一九六三年八月五日苏、美、英三国在莫斯科签订的《禁止在大气层、外层空间和水下进行核武器试验条约》。该条约主要是保护三国"核垄断"的地位，限制中国进行核试验。

[土豆烧熟了，再加牛肉] 一九六四年四月，苏联领导人赫鲁晓夫在一次演讲中说"福利共产主义"是"一盘土豆烧牛肉的好菜"。

　　1962 年 12 月，中苏两党公开论战，关系开始恶化。1963 年 2 月，苏共中央提议举行高级别会谈，中共中央同意会谈。7 月，邓小平率领中共代表团去苏联参加会谈，但没有取得任何结果。在此期间，美、英、苏三国代表在苏联讨论部分禁止核试验的问题，并签署了《禁止在大气层、外层空间和水下进行核武器试验条约》。当时中国正在加紧研制核装置，这就很容易让人怀疑美苏勾结阻止中国拥有核武器。1964 年 10 月，我国成功爆炸第一颗原子弹，打破了美苏的核垄断与核讹诈。1965 年，中美关系和中苏关系同时陷入敌对状态，毛泽东有感而发，写下了《念奴娇·鸟儿问答》。

　　鲲鹏展翅高飞，直上九万里，掀起了自下而上的旋风。大鹏背靠蓝天，俯观人世间都是大大小小的城市。革命斗争烽火遍地，弹痕累累，把旧世界打得落花流水。这吓坏了草地上的麻雀，惊呼怎么得了呀，我得赶紧飞走。

　　鲲鹏问麻雀：你要飞到哪里？麻雀回答：我要飞去神仙住的地方。你没看到，前年秋月明朗的时节，美、英、苏三国签订了禁止核试验条约吗？那里还有好吃的土豆炖牛肉。大鹏怒斥道：不许瞎扯，睁眼看看这天翻地覆的世界形势吧。

　　这首词借鸟儿问答以讽时事，借鲲鹏与蓬间雀的寓言故事比喻中苏论战，讽刺了苏联的"苏美联合"主宰世界的幻想。上阕通过描写"鲲鹏"与"蓬间雀"对待被压迫民族的解放战争的不同态度，展现了胸襟博大、高瞻远瞩、英勇无畏的鲲鹏和心胸狭隘、寸光短视、临阵脱逃的蓬间雀。下阕通过"鲲鹏"与"蓬间雀"的问答，批判了赫鲁晓夫的修正主义，表达了共产党人敢于斗争、敢于胜利的决心和信心。

## 诗词拓展

### 念奴娇·过洞庭

〔宋〕张孝祥

　　洞庭青草，近中秋，更无一点风色。玉鉴琼田三万顷，着我扁舟一叶。素月分辉，明河共影，表里俱澄澈。悠然心会，妙处难与君说。

　　应念岭海经年，孤光自照，肝肺皆冰雪。短发萧骚襟袖冷，稳泛沧浪空阔。尽挹西江，细斟北斗，万象为宾客。扣舷独啸，不知今夕何夕！